世界名人给青少年的智慧课

第2版

雷坚◎编著

国家一级出版社 中国纺织出版社 全国百佳图书出版单位

内 容 提 要

在几千年的人类历史中，涌现出了无数杰出的人物。他们所做的事，或开时代之先河，或引领社会思想潮流，或改变民族之命运，或创造了世界财富神话，或谱写了商业传奇……他们不平凡的人生，等待后人采撷、品读与体悟。

本书从世界范围内精选了对人类历史最有影响的杰出人物，用朴实的语言全面、详实地展现这些人物不同寻常的人生经历，带领读者了解名人成功背后的故事，学习他们的人生智慧，同时也吸取他们身上的教训。在阅读他人人生故事的过程中完善自我，启迪自我，提高素质，为人生的成功积蓄能量。

图书在版编目（CIP）数据

世界名人给青少年的智慧课 / 雷坚编著. —2版. —北京：中国纺织出版社，2019. 4（2023.4重印）

ISBN 978-7-5180-5980-5

Ⅰ. ①世… Ⅱ. ①雷… Ⅲ. ①名人—生平事迹—世界—青少年读物 Ⅳ. ①K811-49

中国版本图书馆CIP数据核字（2019）第037943号

责任编辑：闫　星　　特约编辑：李　杨

责任校对：武凤余　　责任印制：储志伟

中国纺织出版社出版发行

地址：北京市朝阳区百子湾东里A407号楼　邮政编码：100124

销售电话：010－87155894　传真：010－87155801

http：//www.c-textilep.com

E-mail：faxing@c-textilep.com

官方微博http://weibo.com/2119887771

中国纺织出版社天猫旗舰店

永清县晔盛亚胶印有限公司印刷　各地新华书店经销

2014年9月第1版　2019年4月第2版　2023年4月第4次印刷

开本：710×1000　1/16　印张：13

字数：184千字　定价：45.00元

序　言

在世界历史的长河中，涌现出无数的人类精英，他们获得了让世界欢呼的成就，影响着历史的进程，其中有叱咤风云的政治家，有发明创造的科学家，还有妙笔生花的文学家，等等。他们用自己的卓越成就为人类的文明添砖加瓦，为后人留下了无数宝贵财富。然而，名人的成才历程也并非一帆风顺。他们之所以能够突破重重障碍走向成功，与他们坚毅、顽强、奋进的精神是分不开的。

他们表现出的卓越的军政才能，像熠熠升起的灿烂群星，放射出绮丽的光芒，照耀着人类，他们为世界作出了巨大的贡献，影响着人类的进程；他们渊博的学识、精深的智慧，使他们获得了难以计数的科学殊荣，他们为人类的文明和进步作出了巨大的贡献；他们才思敏捷，情感丰富，他们的经典之作对世界文学的发展和人类进程产生了巨大的影响；他们在充满艰辛与坎坷的路上探求艺术的真谛，将至善至美的艺术作品奉献给世人；他们的深邃思想，真知灼见，影响了数代人的成长，以圣哲先贤的风范征服着世人。

教育的目的在于品质的形成，教育的形式不是注满一桶水，而是点燃一把火。接近名人，点燃你自由的灵魂之火；师法名人，培养你高贵的品质；感受名人，激发你无尽的精神力量。在这座名人的殿堂中，你可以捕捉到未来的影子，你可以插上智慧仁爱的翅膀，你可以托起属于自己命运的希望。在这个名人的世界中，你可以改变自我精神的结构，成就完美的自我！在这个名人的群落中，感受精神的力量，感受生命的力量……

为了让读者了解名人的成长历程和精神世界，编者精心编写本书。本书共分为各国领袖趣闻轶事、叱咤政坛的巾帼英雄、震撼世界的风云人物、探险世界的旅行家、启迪人生的思想先贤、名留史册的科学巨匠、享誉世界的发明家、名扬世界的文学家、世界知名军事统帅、天赋异禀的画家们、才华横溢的

音乐家、深入人心的表演家、探索自我的心理学家、振奋人心的体坛明星、影响世界的创业家等十五章，介绍了世界著名人物的成长经历及其成就，涵盖了社会生活中的各个领域，讲述了近百位世界知名人士的生平经历、理想追求和光辉成就，他们每个人都是真正意义上的成功者。

成功的人生不可复制，但成功的故事可以被分享并激励读者从中找到前进的动力，让您在阅读本书的同时，重温他们的人生故事，感受他们的精神风貌，分享他们的成功经验。

这些名人用一生的奋斗改变着人类历史发展的轨迹。跟我们来吧！在这座名人的殿堂中，您可以捕捉到未来的影子。插上智慧、仁爱的翅膀，您可以托起属于自己命运的太阳，感受令人震撼的力量……让读者走近名人，感受他们的高尚品德，感受他们永恒的精神力量。希望读者能将这些宝贵的品质加以传承，树立起正确的人生观和世界观，并在世界名人的宝贵的精神遗产中，汲取养料，茁壮成长。

编著者

2018年11月

目　录

第03章 震撼世界的风云人物

第04章 探险世界的旅行家

第05章 启迪人生的思想先贤

第06章 名留史册的科学巨匠

第07章 享誉世界的发明家

第08章 名扬世界的文学家

第01章 颇具传奇色彩的领袖

在世人面前，他们是伟人，是领袖，他们指点江山，操纵着世界风云变幻，他们身上流传着各种神话般的传说；但是，光鲜的背后也有另一面，有人性的脆弱，有失败与挫折……从他们的各种奇闻轶事里，让我们来学习。在这里，和他们近距离地接触，能帮助我们点亮人生的灯塔，走向人生的辉煌。

美国历史上首位平民总统——林肯

亚伯拉罕·林肯（1809—1865），美国政治家，第16任美国总统，也是首位共和党籍总统。在其任期内，美国爆发内战，史称南北战争。林肯废除了南方各州的奴隶制度，击败了南方分裂势力，维护了国家的统一。内战结束后不久，林肯遇刺身亡，是第一个遭到刺杀的美国总统。他生前为推动美国社会向前发展作出了巨大贡献，受到美国人民的尊敬。英国《泰晤士报》对43位美国总统分别以不同的标准进行了排名，在最伟大总统排名中林肯名列第一。同时被美国的权威期刊《大西洋月刊》评为影响美国的100位人物第一名。

知识链接

——一幢裂开了的房子是站不住的。我相信这个政府不能永远维持半奴隶和半自由的状态。我不期望联邦解散，我不期望房子崩塌，但我的确希望它不再分裂，它将成为一样完整的东西，非此即彼。

——你可以一时欺骗所有人，也可以永远欺骗某些人，但不可能永远欺骗所有人。

轶事

小时候的林肯家里特别穷困，他每天得花很多的时间去参加劳动，可是尽管如此，艰辛的生活并没有浇灭他求学的热情。林肯总是争分夺秒地学习，劳动累了，在休息的时候，他用木炭在木板上做算术，由于买不起墨水，他将烧黑的木炭研碎放到水里来练字。到了晚上，他依偎在火炉边，利用火炉里照出的光亮来读书。

事实上，林肯太穷了，根本买不起书，他所读的书大多数都是借来的。有时候为了借书，他不惜要走十几里的路。

这天，他和爸爸妈妈去邻村干活，忽然，他看到一位大叔家里放着一本《华盛顿传》，这可是他渴望拜读的书啊，他找了很多地方都没有找到。于是，他兴奋地跑过去敲开了大叔的门。

林肯说："大叔，我看到你家里有一本《华盛顿传》，能否借给我阅读一下啊？"

大叔摇了摇头说："那可是我孙子的挚爱啊，我不敢轻易借给别人。"

林肯一听，急忙说："大叔，我非常崇拜华盛顿，渴望了解他的伟大之处，您就借给我拜读一下吧。"

大叔见林肯非常诚恳，笑着说："好吧，我做主借给你，不过，你一定得好好保管，千万别弄坏了。否则我没法向孙子交代。"

林肯拿着借来的《华盛顿传》如痴如醉地读了起来。不知不觉天黑了，他就借着火炉里射出来的微弱光线，继续用心往下读，直到把书读完了，他才上床去睡觉。睡梦中的小林肯被一阵雨声惊醒，他急忙从床上爬起来，可是已经晚了，书已经被从屋顶漏下来的雨水淋湿了。林肯捧着书，伤心地流下了眼泪。

第二天一大早，林肯来到了借书的那位大叔的家里。诚恳地道歉说："大叔，我不小心把书给弄坏了，我没有钱赔给您，请您让我给您干三天活吧。"

大叔点了点头同意了。于是，林肯在大叔家劈柴、烧水，整整忙了三天。临走时，大叔说："林肯，你可真是个好孩子，为了表示对你的奖励，这本书就送给你了。"

林肯喜出望外，怀揣着那本《华盛顿传》回家了。

启示

做错了事情要勇敢地承认，这样不但能尽快获得别人的谅解，而且能让自己的心得到宽恕。故事中的林肯弄坏了别人的书之后，主动找到对方，用干活的方式进行弥补，可见他的品格的高贵。

极富内涵的传奇总统——丘吉尔

温斯顿·丘吉尔（1874—1965），英国政治家、记者、画家、演说家、作家，曾于1940~1945年和1951~1955年两度出任英国首相，被认为是20世纪最重要的政治领袖之一。在第二次世界大战中联合美国等国家抗击德国，并取得了最终胜利。同时也是1953年诺贝尔文学奖得主，据传，他是历史上掌握英语单词词汇量最多的人之一。被美国杂志《展示》列为近百年来世界最有说服力的八大演说家之一。在BBC展开的名为"最伟大的100名英国人"的调查中，被选为有史以来最伟大的英国人。

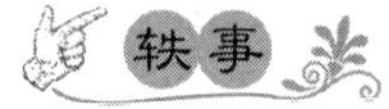

——世界上没有永恒的朋友，也没有永恒的敌人，只有永恒的利益。

——成功不要紧，失败不致命。继续前行的勇气，才最可贵。

——悲观主义者在每个机会里看到困难。乐观主义者在每个困难里看到机会。

——大家都爱言论自由。但有些人对言论自由的理解是，我想说就说，但你说我不喜欢的话就无法容忍。

轶事

7岁那年，爸爸决定把丘吉尔送到一所寄宿制贵族学校。丘吉尔得知后，坐在地毯上哭着说："我不去那么远的地方读书，我也不想住校，除非保姆跟我一起去。"

爸爸生气地说："你这孩子不是在胡闹吗，娇生惯养。"说着就要抡起巴掌打丘吉尔。

保姆艾伯斯特夫人急忙拦住了爸爸，说："您在气头上千万不要打孩子，万一拿捏不当，伤了孩子怎么办？还是我来劝劝他吧。"

爸爸听完点点头，便下楼去了。

艾伯斯特夫人把手帕递给了丘吉尔。丘吉尔擦干了眼泪，抽噎着说："我一定要上学吗？"

艾伯斯特夫人抚摸着丘吉尔的脑袋，望着他说："是啊。"

丘吉尔拉着艾伯斯特夫人的手说："可是上学就要离开您，就没有人陪我了。"

艾伯斯特夫人笑着说："傻孩子，学校里有那么多的小朋友和你做伴呢，怎么会没有人陪你了呢？"

"他们会像您对我一样好吗？"丘吉尔不安地问。

艾伯斯特夫人认真地望着丘吉尔说："如果你能像我关心爱护你那样去对待他们，我相信他们一定会对你好的。"

"啊？不会吧，那还得我先去对他们好，他们才肯对我好吗？"

艾伯斯特夫人笑着说："那也不一定啊。如果每个人都等着别人来关心自己，那么这个世界上还有谁会去主动关心别人，又有谁会受到别人的关心和爱护呢？听话，去上学吧，整天跟我腻在一起，你不会长大的。"

尽管丘吉尔对艾伯斯特夫人的话似懂非懂，但是他还是接受了她的建议，去了寄宿学校。

可是，丘吉尔并不懂得如何过团体生活，他总是一个人独来独往。后来，

在艾伯斯特夫人的鼓励下，他才鼓起勇气主动和别人交往。结果，不到三个月的时间，他已经结交了很多的朋友。

启示

人的性格是可以塑造的。尤其是孩子小的时候，选择良好的环境往往能使性格得到良好的发展。故事中的丘吉尔，在改变了环境之后，由之前的内向开始变得开朗起来。

四届连任的总统——罗斯福

富兰克林·德拉诺·罗斯福（1882—1945），美国历史上唯一蝉联四届的总统。是20世纪的经济大萧条和第二次世界大战的中心人物之一。在大萧条时期推出新政以挽救经济，第二次世界大战爆发后推出租借法案援助盟国，1942年对法西斯国家宣战，第二次世界大战后期，罗斯福在塑造战后世界秩序中发挥了关键作用，尤以雅尔塔会议及联合国的成立中表现明显。被学者评为美国最伟大的三位总统之一，同华盛顿和林肯齐名。

知识链接

——做伟大的事情，享受骄傲的成功，哪怕遭遇失败，也远胜过与既不享受什么，也不承受什么痛苦的可怜虫为伍，因为他们生活在不知道胜利和退败为何物的灰暗混沌地带。

——幸福不在于拥有金钱，而在于获得成就时的喜悦以及产生创造力的激情。

——人生就像打橄榄球一样，不能犯规，也不要闪避球，而应向底线冲过去。

轶事

罗斯福小的时候几乎认为自己是世界上最不幸的孩子，因为患脊髓灰质炎而留下的瘸腿和参差不齐且突出的牙齿，他很少与同学们游戏或玩耍，老师叫他回答问题时，他也总是低着头一言不发。

一天罗斯福和兄弟姐妹们围在树苗前观望着，他们非常好奇，父亲今天为什么带树苗回家呢？

就在他们心怀疑问的时候，父亲说：“孩子们，你们每个人栽一棵树，谁

栽的树长得最好，我就给他买他最喜欢的礼物。”

孩子们一听，纷纷拿着树苗去栽种了，只有罗斯福站在一旁没有动。父亲问道：“罗斯福，你为什么不去栽树呢？”

罗斯福嚷嚷地说：“爸爸，我栽的树能活吗？”

父亲笑着说：“你没有栽，你怎么知道不活呢？”

在父亲的帮助下，罗斯福也栽种了一棵树苗。

看着兄弟姐妹们争先恐后地浇水施肥，罗斯福心里萌生了一个阴冷的念头，他渴望自己栽的树早点死去。因而，在浇了一两次水后，他便不再去管了。

几天之后，罗斯福发现他所栽的那棵树并没有死去，而且长出了几片新叶子。与兄弟姐妹们所栽的树相比，显得更加嫩绿。父亲兑现了承诺，给罗斯福买了他非常喜欢的礼物，并且说：“罗斯福，从你所栽的树来看，将来你一定会成为一名植物学家的。”

从那以后，罗斯福渐渐乐观起来。

一天晚上，罗斯福躺在床上睡不着，突然想起了生物老师说过的话：植物一般是在晚上生长的，于是他悄悄地来到了院子里，想看看树苗是怎样成长的。他看到父亲用小勺子给自己栽种的树苗浇水，顿时，他一切都明白了，原来父亲一直在照顾他栽种的那棵树苗。

几十年过去了，瘸腿的罗斯福虽然没有成为植物学家，却当上了美国总统。

启示　对于内心自卑的人，关怀远比责备更能激发自信。故事中，罗斯福的父亲在罗斯福失去信心的时候，帮助他照顾树苗，从而让罗斯福增加了自信。

民众评价最高的总统——肯尼迪

约翰·费兹杰拉尔德·肯尼迪（1917—1963），通常被称作约翰·F·肯尼迪或杰克·肯尼迪，美国第35任总统，他被视为美国自由派的代表。在第二次世界大战期间，他曾英勇救助了落水船员，获紫心勋章。1960年当选美国总统，1963年11月在得克萨斯州达拉斯市遇刺身亡。他是美国历史上最年轻的总统，也是美国历史上唯一信奉罗马天主教的总统和唯一获得普利策奖的总统。在针对总统功绩的排名中，肯尼迪通常被历史学家列在排名中上的位置，但他却一直被大多数美国人视为历史上最伟大的总统之一。

知识链接

——最大的危险是无所行动。

——不要问你的国家能为你做些什么，而要问你能为你的国家做些什么。

——社会中有五分之一的人口，也就是20%的人是“什么都反对”，永远站在旁边说风凉话，说三道四。

轶事

毕业于哈佛大学的肯尼迪一直是美国人的骄傲，同样他也是哈佛人的骄傲。为此，哈佛大学以他的名字给政治学院命了名作为纪念。

在肯尼迪很小的时候，父亲就开始了对他的性格进行培养。有一次，父亲带着他去郊游，当他们赶着马车经过一个拐弯处的时候，由于马车的速度太快，肯尼迪被甩了出去。

肯尼迪顿时哇哇大哭，他希望父亲能立即跑下来把他扶起来。可是任凭他喊破了喉咙，父亲依然无动于衷，后来点燃了一支烟悠闲地抽了起来，似乎完全没有听到肯尼迪的哭声。

肯尼迪见哭声召唤不来父亲，于是大声喊道：“爸爸，快来扶我。”

父亲并没有下车，而是转过头来说：“你摔疼了吗？”

肯尼迪哭着说：“是的，爸爸，我感觉自己已经站不起来了。”

父亲斩钉截铁地说：“那也要挣扎着站起来，自己爬上马车。”

肯尼迪说：“可是，爸爸，我的膝盖已经摔破了，正在流血呢！”

父亲说：“摔断骨头了吗？”

肯尼迪摇了摇头。

父亲有些生气地说：“那为什么还不站起来，等着我帮你吗？”

肯尼迪见父亲没有要扶起他的意思，只好挣扎着站了起来，摇摇晃晃地走近了马车，艰难地爬了上去。

父亲摇动着鞭子说：“你知道为什么我没有下去扶你吗？”

肯尼迪摇着头说：“爸爸，我不知道。”

父亲语重心长地说：“因为这就是人生，跌倒、爬起来、再跌倒、再爬起来。你要记住，在任何时候都要靠自己，没有人会帮到你。”

从那以后，父亲经常带着肯尼迪去参加一些大型的活动，教他如何与人结交，如何应对各种场面，并且让肯尼迪亲自去体会。

有一位客人问父亲：“肯尼迪还这么小，你总是这么要求他，是否对他太过苛刻了？”

父亲回答说："我这是培养他当总统呢。"

启示

对于孩子来说，要让他们从小学会独立，学会自强。故事中的肯尼迪不小心被马车甩出去之后，父亲并没有去扶他，而是等待着他自己爬起来。事实上，这种行为塑造培养了肯尼迪的独立自强的性格，使他成为了美国历史上伟大的总统之一。

美国开国总统——华盛顿

乔治·华盛顿（1732—1799），美国开国总统。在美国独立战争中，他任大陆军总司令，为美国的独立作出了巨大的贡献。1789年当选总统，1793年再选连任。由于他对争取美国独立、发展美国经济、建设民主法制和巩固联邦基础所作的突出贡献，被美国人尊称为"国父"。1797年两届任满后，他自愿放弃权力不再续任，隐退于维农山庄园，此举开创了美国历史上摒弃终身总统制及和平转移权力的范例。学者们则将他和亚伯拉罕·林肯、富兰克林·罗斯福并列为美国历史上最伟大的总统。在美国在线举办的票选活动《最伟大的美国人》中，华盛顿被选为美国最伟大的人物第四位。

知识链接

——自己不能胜任的事情，切莫轻易答应别人，一旦答应了别人，就必须实践自己的诺言。

——我希望我将具有足够的坚定性和美德，借以保持所有称号中，我认为最值得羡慕的称号：一个诚实的人。

——衡量朋友的真正标准是行为而不是言语；那些表面上说尽好话的人实际上离这个标准很远。

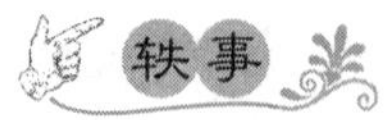

轶事

这天早晨，华盛顿起床后出门去散步，回来后草草吃了早餐，来到了牧场。他抬头望去，总觉得似乎少了点什么，可是一时半会儿又说不出来。经过仔细观察，他发现自己的马少了一匹。为了验证自己的判断是否正确，他再次数了一遍，他原先的马是15匹，而现在农场里确实只有14匹。

难道遇上盗马贼了？华盛顿心里非常恼火。他环视四周，除了邻居夫妇在

他们的农场里忙碌之外，方圆百里再无人烟。要是遇上盗马贼的话，肯定会被他们发现。很快，他排除了之前的想法。华盛顿对自己说："那么，唯一的可能就是邻居夫妇偷了我的马。"

做出了初步的判断之后，华盛顿走上前去，问道："我的邻居啊，你们好，我的马少了一匹，你们可曾看到是什么人牵走的吗？"

邻居夫妇背对着华盛顿，用生硬的口气说："你的马不见了，问我们干什么啊？我们没偷你的马！"

华盛顿笑着说："我没说是你们偷了我的马，我的意思是你们有没有看到是什么人牵走的。"

没等偷马的邻居说话，邻居夫人慌里慌张地说："没，没看到，你赶快离开吧。"

没办法，华盛顿只好来到了警局报案。随后，一位警官随着华盛顿来到邻居的农场。经过辨认，华盛顿找到了被偷的那匹马。可是邻居坚持说那匹马是自己的，拒绝归还。

正在事情陷入僵局时，华盛顿用双手蒙住马的眼睛，对邻居说："既然你说马是属于你的，那你告诉我它的哪只眼睛是瞎的？"

邻居不知所措，他思索了片刻，说："右眼是瞎的。"

华盛顿拿开了蒙住马右眼的手，马的右眼非常正常。

邻居急忙争辩说："我说错了，马的左眼是瞎的。"

华盛顿不慌不忙，取掉了蒙住马左眼的手，马的左眼也很正常。

邻居大汗淋漓，他说："我又说错了……"

"是的，你错了。"警官说，"这证明马不是你的，你必须把马立即还给华盛顿先生！"

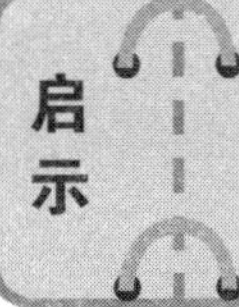

启示

在遇到不公平的对待时，不要做没有意义的争辩，不妨和华盛顿一样，巧妙地让对方主动暴露其弱点，用事实说话。这远比言语的争辩要有用得多。

伟大的英雄总统——杰斐逊

托马斯·杰斐逊（1743—1826），美国政治家、思想家、哲学家、科学家、教育家，第三任美国总统。民主共和党创始人。他是美国独立战争期间的

主要领导人之一。同时也是《美国独立宣言》主要起草人，以及美国开国元勋中最具影响力者之一。他在任期间保护农业，发展民族资本主义工业。从法国手中购买路易斯安那州，使美国领土近乎增加了一倍。在两届总统任内废除了前届亚当斯政府所颁布的《归化法》《客籍法》《敌对外侨法》和《镇压叛乱法》，保障了人民的基本权利。他被视为美国历史上最杰出的总统之一，同华盛顿、林肯和罗斯福齐名。

知识链接

——人类中有自然形成的贵族，他们的基础是道德和才能。

——如果我来选择，在没有报纸的政府和没有政府的报纸之间，我会毫不犹豫地选择后者。

——一个自由的人除了从书本上获取知识外，还可以从许多别的来源获得知识。

——就我所知，社会最高权力的最可靠掌管人只能是人民自己。

轶事

杰斐逊非常热爱骑马，因而斥巨资购买了一匹上等好马。在他当总统期间，一天早晨，按照惯例，他出去遛马。当他来到一个十字路口时，碰到了一位叫做琼斯的赛马骑师。琼斯不仅是位赛马骑师，而且还做马匹倒卖的生意。

当时，琼斯并不认识杰斐逊，当总统骑马经过时，他被总统骑的骏马吸引住了。琼斯鲁莽地走上前去，和杰斐逊攀谈起来。后来，他表示愿意拿自己的坐骑和杰斐逊交换。

杰斐逊非常有礼貌地拒绝了他所提的所有交换意见，可是琼斯并不死心，后来他又提出要花高价购买，尽管价钱不断提高，可是都被杰斐逊冷冷地拒绝了。

琼斯见自己得不到杰斐逊的好马，于是变得暴躁起来，想找个机会好好教训一顿杰斐逊。于是他开始不停地辱骂杰斐逊，可是杰斐逊始终能控制好情绪，琼斯的阴谋再次落空了。

之后，琼斯又提议让杰斐逊展示一下这匹马，还竭力要求他骑马慢跑，和他打赌。他的建议再次被杰斐逊冰冷的声音拒绝了。琼斯对杰斐逊丝毫没有办法，于是他又有了一个坏主意，想要让杰斐逊出丑。

他趁杰斐逊不注意，扬起马鞭在杰斐逊的马侧腹抽了一鞭，想让马突然狂奔起来，把杰斐逊摔下马去。可是杰斐逊稳稳地坐在马背上，用缰绳控制着烦躁不安的马，并且依旧微笑着看着琼斯。

琼斯见无计可施，只好放弃了坏心眼，凑近杰斐逊和他聊起了政治。琼斯

是一个联邦制的坚定拥护者，他大肆攻击杰斐逊以及他的政府的政策。杰斐逊不但没有生气，而且鼓励他就一些事情发表自己的看法。

两人聊得非常投机，不知不觉已经来到了白宫门口。

杰斐逊勒住缰绳，非常有礼貌地邀请琼斯进去做客。

琼斯惊诧地问："怎么，你住在这里？"

"是的。"杰斐逊简洁地答道。

"那么，你叫什么名字呢？"琼斯问道。

"托马斯·杰斐逊。"

听了杰斐逊报上名字后，琼斯大惊失色，他用马刺猛踢马屁股，冲上了大路疾驰而去。

杰斐逊则微笑地看着他，然后策马进了大门。

启示

要克制自己，不要轻易爆发。故事中的杰斐逊作为总统，很好地控制了自己的情绪，尽管对方百般刁难，但是他却始终微笑面对，很好地展现了自己的修养。

德国铁血首相——俾斯麦

奥托·爱德华·利奥波德·冯·俾斯麦（1815—1898），德意志帝国首任宰相，人称"铁血宰相""德国的建筑师"及"德国的领航员"。是德国近代史上一位举足轻重的人物，是德国最著名的政治家和外交家。1862年上任时提出"铁血政策"，并于1866年击败奥地利，统一德国。作为一个保守的专制主义者，俾斯麦镇压了19世纪80年代的社会民主主义运动。他通过立法建立了世界上最早的工人养老金、健康和医疗保险制度以及社会保险制度。

知识链接

——社会事业的不易完成，它的症结所在，不在施行小惠，而在恢复民众的权利。

——胜者为王，败者为寇。我知道明天全世界的人都会因为我战败而责备我，但那又有什么呢？

——我对青年的劝告只用三句话就可概括，那就是，认真工作，更认真地工作，工作到底。

——世界上变革的最强推动力不是统治群众的科学认识，而是赋予群众以力量的狂热，有时甚至是驱赶民众向前的歇斯底里。

轶事

19世纪德国政治家俾斯麦，由于采取一系列强硬的政策，被人称为“铁血宰相”。

一次，他去出访俄国，期间参加了在圣彼得堡的一场舞会。俾斯麦的舞跳得非常好，因而很多女士都喜欢和他跳舞。可是，俾斯麦却对一个叫作塔提雅娜的女士情有独钟。

几首曲子跳完之后，俾斯麦和塔提雅娜来到了休息的桌子边，俾斯麦趁机夸奖塔提雅娜说：“夫人，你不但人长得漂亮，连舞蹈也跳得这么好，我都快为你神魂颠倒了。”

塔提雅娜笑着说：“真的吗？那真是太荣幸了，作为能让伟大的外交官俾斯麦着迷的女人，我感到非常荣幸，谢谢你的夸奖。”

俾斯麦继续说：“真的，你简直美若天仙啊！”

塔提雅娜见俾斯麦一个劲地夸奖自己，于是说：“真的吗？外交官，您的话可不怎么真实啊。”

俾斯麦一脸无辜地问道：“敢问夫人，你为什么会这么认为呢？”

塔提雅娜说：“很简单啊。当外交官您说‘是’的时候，意思是很勉强；当你说‘可能’的时候，就是说非常糟糕；如果你张嘴闭嘴就是‘不行’‘不好’那你就不可能是一位成功的外交官了。”

俾斯麦说：“夫人的话完全不对。作为一名外交官必须诚实，因而我们是不可能那么说话的，相反，你们女人恰恰如此。”

塔提雅娜笑着说：“外交官为什么这么说呢？”

俾斯麦说：“很简单啊，当你们女人说‘不行’的时候，其实表达的意思是‘可以’‘可能’；当说‘可能’‘或许’的时候，意思就是‘是’；如果你们嘴上说‘是’，那你就不是女人了。”

塔提雅娜听了哈哈大笑。随着舞曲的响起，两人再次步入了舞池。

启示

最好的反击利器就是把对方打来的拳原路打回去。在故事中，俾斯麦奉承塔提雅娜，却没想到被对方羞辱，俾斯麦并没有生气，而是学着塔提雅娜的口气，回击了过去。最终竟然赢得了塔提雅娜的赞赏。

第02章

叱咤政坛的巾帼英雄

巾帼不让须眉。尽管她们是女人，但是在世界格局的走向中，她们却和男人一样在政坛上叱咤风云。她们究竟是些什么样的女人？她们的生活究竟和别人有什么不同？她们是否经历过所有女人们所经历的生活艰辛？在男权世界里，她们到底是如何掌控局势的？带着这些问题，让我们走进她们的生活，了解她们究竟是如何一步一步走到权力的顶峰。

英国童贞女王——伊丽莎白一世

伊丽莎白一世（1533—1603），英格兰王国和爱尔兰女王，是都铎王朝最后一位君主，也是名义上的法国女王。她终身未嫁，因此被称为“童贞女王”。她战胜过不可一世的西班牙无敌舰队，是不列颠帝国海上传奇的奠基人，是英格兰宗教改革平和化及民族统一的坚决倡导者和执行人。她继位时不但成功地保持了英格兰的统一，而且在经过近半个世纪的统治后，使英格兰成为欧洲最强大、最富有的国家之一。英格兰文明也在此期间达到了顶峰。英国在北美的殖民地亦在此期间开始确立。在英国历史上她在位时期被称为“伊丽莎白时期”，亦称为“黄金时代”。

知识链接

——别以为命运能支配一切，美德的力量可以使她俯首帖耳。

——我的一切都是为了那辉煌的一刻。

——忍耐和时间，往往比力量和愤怒更有效。

——思想之要彻底，就能说服人。

轶事

伊丽莎白有一个姐姐叫做玛丽，是伊丽莎白登基之前的女王，她是一位虔诚的天主教徒，依仗着自己是女王，逼迫伊丽莎白去信奉天主教。这让内心渴望新教的伊丽莎白非常反感。

这天，玛丽又将伊丽莎白召进了王宫，对她说：“伊丽莎白，我亲爱的妹妹，请跟我一起来侍奉天主吧。希望天主能给予这个国家的子民以庇护。”

伊丽莎白说：“尊敬的女王陛下，我觉得天主没有那么大的权限，你知道我对侍奉天主没有多大的兴趣，你不要逼迫我好吗？”

玛丽生气地说：“伊丽莎白，你要知道有可能你是王位唯一的继承人，如果你不跟我一起来侍奉天主，你就没有资格继承王位，我可不愿意我的国家被异教徒统治。”

伊丽莎白倔强地说："对于你的王位，我根本就不稀罕，你爱找谁继承就去找谁继承，想要让我信奉天主教，办不到。"

玛丽生气地说："你就不怕我杀了你吗？"

听到自己有可能丢掉性命，伊丽莎白确实有些害怕了。她没有说话，玛丽见状，说："来人，给我把伊丽莎白关进伦敦塔，让她面壁思过。希望她能回心转意，回到天主的怀抱里来。"

伊丽莎白被关进了伦敦塔之后，孤独寂寞，非常痛苦，再加上女王陛下总是派人在她耳边絮絮叨叨说个不停。

这天，她一个人坐在楼梯上发呆。忽然一个男人来到了她的身边，问道："尊贵的女士，请问你是伊丽莎白吗？"

伊丽莎白没想到，在这个被关押的地方还有人认识自己。于是高兴地说："是的，我就是伊丽莎白，请问你是哪位啊？"

男人自我介绍说："我是罗伯特·达德利，因为不同意信奉天主教而被关在这里的，我听说你也是这样的，是吗？"

……

从那以后，伊丽莎白和莱斯特伯爵经常在一起谈论新教，随着时间的推移，他们之间产生了爱情。两人互相支持，互相鼓励，挺过了那些难熬的日子。

后来，玛丽去世了。伊丽莎白从伦敦塔里出来并继承了王位。

启示

只有内心真正喜欢接纳，才能融入生命中去，否则，面对被强加上去的东西，骨子里总有一种对抗，总有一天会逃离。如同故事中的伊丽莎白，被迫信奉天主教，可是内心却从来不愿意，后来当上国王之后，毫不犹豫地抛弃了天主教。

英国铁娘子——撒切尔夫人

玛格丽特·希尔达·撒切尔（1925—2013），英国右翼政治家，第49任英国首相，英国第一位女首相，也是连任时间最长的英国首相。此外，她是经选举而产生的主要政党女党魁，也是曾担任重大国务官位的第一位女性。撒切尔夫人的政治哲学与政策主张被通称为"撒切尔主义"。她在任首相期间，对英国的经济、社会与文化面貌作出了深刻又广泛的改革。她在担任首相前后高姿态地反对共产主义。作为英国现代史上最重要的政治人物之一，撒切尔被誉为

"铁娘子"，这个绰号甚至已成为了她的主要标志。2013年4月，撒切尔夫人逝世，享年87岁。

——混乱处我们带来和谐，错误处我们带来真实，怀疑处我们带来信任，沮丧处我们带来希望。

——小心你的思想，因为它们会成为言辞；小心你的言辞，因为他们会成为行为；小心你的行为，因为它们会成为习惯；小心你的习惯，因为它们会成为性格；小心你的性格，因为他们会成为命运。

——只要我最终能达到自己的目的，我就会有超常的耐心。

——如果人民丧失了对自己的超级自信，丧失了他们的粗鲁和蔑视精神，暴政时时刻刻都有可能降临这个国家。暴政总是有可能进门的，没有什么咒语或门闩能防得住它。

撒切尔夫人的父亲是英国格兰文森小城的一家杂货店主。

这天，是撒切尔夫人5岁的生日，她早上醒来后就在猜测，今天父亲会送什么礼物呢？过了一会儿，父亲呼唤道："撒切尔，快过来，爸爸有礼物要送给你。"

撒切尔早就期待这一刻了，她蹦蹦跳跳地来到了父亲的身边。但她并没有发现父亲的手里有什么可以送给她的东西，正在她疑惑的时候，父亲语重心长地说："噢，我亲爱的撒切尔，今天你已经整整5岁了，我要求你必须记住一句话：凡事都要有自己的主见，用自己的大脑来判断事物的是非对错，千万不要人云亦云。这是爸爸送给你的生日礼物。"

撒切尔似懂非懂地点了点头说："爸爸，我记下了。"

这时候，爸爸说："撒切尔，你怎么了，不喜欢爸爸送你的礼物吗？"

撒切尔嘟着嘴没有说话。

爸爸说："撒切尔，爸爸送给你的人生哲理，远比物质的礼物更加有价值、有意义，对你的成长有更大的帮助。你应该高兴才对。"

这时候，撒切尔才勉强地露出了个笑脸。

两年后，和别的孩子一样，撒切尔也进入了学校，她看到别的同学们在街上玩耍，他们骑自行车、做游戏，遇到星期天还可以出去野餐。这让撒切尔夫人心里非常羡慕。她想要去征求父亲的同意，但是又害怕被父亲斥责，因此非常矛盾。

这天，她鼓起勇气，对父亲说："爸爸，我也想出去玩。"

父亲把脸一沉，说："撒切尔，你必须要有自己的主见，不要去羡慕他人做的事情，你要自己决定自己什么事情该做，什么事情不该做。不要随波逐流。"

撒切尔没有说话。父亲缓和了语气，说："孩子，不是爸爸不让你去玩，你应该有自己的判断力，有自己的思想。现在是你学习知识的大好时光，如果你和其他人一样，沉迷在游乐上，那么将来你会一事无成的。我相信你有自己的判断力，如果你觉得这不重要，一定要去玩，我也不反对。"

听了父亲的话后，撒切尔来到了书房，认认真真地学习起来。

启示

任何时候都要有自己的主见，否则就会容易被别人左右，而失去自我。故事中撒切尔夫人的父亲对她的教育从小塑造了她性格中的独立坚强。

沙俄野心女王——叶卡捷琳娜二世

叶卡捷琳娜二世·阿列克谢耶芙娜（1729—1796），俄罗斯帝国女皇。召开新法典起草委员会会议，宣布女皇的训令，主张开明专制、严格的法治主义，提倡法律面前人人平等，修改地方行政制度、司法制度。对外政策方面，三次瓜分波兰，与土耳其交战并获得黑海沿岸地区，并吞并了克里米亚汗国。这个时期的俄罗斯成为名副其实的欧洲最强国家之一。并因积极干预欧洲事务被称作"欧洲宪兵"，并同时被尊称为"大帝"。

知识链接

——如果我们不同意减少残酷性和改善人们不可忍受的生活状况，那么尽管我们反对，他们自己迟早也会这么做的。

——假如我能够活到200岁，全欧洲都将匍匐在我的脚下。

——治理俄罗斯这样幅员辽阔的国家，只能用专制君主制，舍此皆为下策。

轶事

在叶卡捷琳娜执政时期，有一年，国内大面积感染了天花，而且这种病毒传播很迅速。眼看着越来越多的民众被瘟疫感染，女皇非常着急。她向大臣询问天花防治的方法。

众大臣毫无办法。这个时候，有人说："尊敬的女王陛下，我记得有一个朋友说过，治疗天花有专门的疫苗，有了这种防治的疫苗，天花很快就能被控制住了。”

女皇听了一头雾水，说：“疫苗？是什么东西啊？真有这么大的作用吗？”

那位大臣说：“这个疫苗据说是西医的一种针剂，也有可能是一种病毒，种在人体内以毒攻毒，杀死天花病毒，对人体没有副作用。”

女皇说：“你说这么多，我也不太懂，这样吧，你赶快去寻找这种疫苗。只要能把瘟疫控制住，能把民众解救了，什么方法都行。”

很快，疫苗被找到了，同时还来了一位英国医生。可是让叶卡捷琳娜女皇头疼的问题又来了：尽管很多人被天花折磨得痛不欲生，但是却不愿意在体内打上天花疫苗，就连皇室很多皇室也持怀疑的态度。

无奈之下，女皇对英国医生说：“你敢保证这种疫苗种在人体内，对人体绝对没有任何的影响吗？”

英国医生说：“是的，女皇陛下，它只对天花病毒起作用，对人体没有任何的副作用。”

女皇陛下卷起自己的袖子，说：“那么，先种在我的身上吧。这样，才会让我的民众相信这种疫苗。”

英国医生没有迟疑，拿起手术刀在女皇陛下的胳膊上拉了个小口子，整个宫廷都激动万分，整整过去了9天，女皇陛下没有任何的问题，但是宫廷内外的人整整为她祈祷了9天。

事实终于向民众证明，这种技术是绝对安全的。很快，天花疫苗被大面积地接种，瘟疫得到了及时的控制。科学技术知识也逐渐在俄国得到了进一步传播。弃婴收容所、助产士学校、医院和贵族女子学校，陆续在俄罗斯出现。

启示

要想让更多的人信任，作为领导者就得身先士卒，这样才能激励更多的人来跟随你。如同故事中的叶卡捷琳娜，亲自接种疫苗，在她的引导下，现代科技终于被俄罗斯人接纳了。

中国第一位女皇帝——武则天

武则天（624—705），中国历史上唯一正统的女皇帝，也是继位年龄最大的皇帝，又是寿命最长的皇帝之一。她是唐高宗李治的皇后，协助高宗处理军国大事，佐持朝政三十年后，亲登帝位，自称“圣神皇帝”。自立为武周皇帝（690—

705），改国号“唐”为“周”，定都洛阳，改称“神都”。建立武周王朝。

知识链接

——欲安其家，先安其国。

——父子不信，则家道不睦。

——修养君子虽殒，美名不灭。

——身不修则德不立，德不立而能化成于家者盖寡矣，而况于天下乎。

轶事

有一次，西域来的使者向太宗皇帝献上一匹宝马，名叫“狮子骢”。唐太宗非常高兴，便把马牵到皇宫前面庭院里，让满朝大臣前去观看。

只见那“狮子骢”很高大，浑身上下肌肉矫健，一声长嘶，有如惊雷乍起，果然名不虚传。太宗随即让驯马官骑上跑几圈看看。谁知，驯马官刚骑上去还没坐稳，那“狮子骢”就前腿腾空，一声长嘶，把驯马官甩了下去。随后来的几个驯马官对这匹桀骜不驯的宝马也是没有一点办法。太宗很不高兴，只好命人将宝马牵回。

第二天，太宗召来了很多驰骋沙场的猛将，要他们驯服“狮子骢”，几个朝廷里战功赫赫的将军接二连三也被甩了下来。无奈之下，唐太宗只好宣布：谁要能驯服“狮子骢”，赏白银一千两。

没有人愿意尝试。唐太宗内心非常懊恼。这时候，身材娇小的武才人走出来说：“陛下，小女子愿意一试。”

太宗摇着头说：“你是文弱女子，怎么可能驯服烈马呢？不行不行。”

武才人不慌不忙地说：“陛下您多虑了，只要给小女子三样东西，就不担心‘狮子骢’不就范。”

太宗好奇地问：“是哪三样东西？”

武才人说：“钢鞭、铁锤和匕首。”

太宗不解地问：“难道手握钢鞭还不够吗？”

武才人笑着说：“陛下，只要是马就是给人骑的。不听话，我先用钢鞭抽它；再不就范，我就用铁锤击打它的头部；要是还不就范，我就用匕首宰了它。这样顽劣不驯的马，要它何用？”

文武百官听了，都为武才人捏了一把冷汗。太宗高兴地说：“朕就依你。”

武才人从容走进驯马场，出现在“狮子骢”面前。她在烈马前虚晃身子，猛地蹿到“狮子骢”背后。手执钢鞭用力打下，“狮子骢”急忙返身，武才人早已纵身跨到了烈马背上。“狮子骢”高抬前腿，不停嘶叫。武才人双手紧紧

抓住马颈上的长鬃，双脚用力夹着马身，铁锤雨点般地落在烈马头上。“狮子骢”嗷嗷直叫，抖起四蹄，跑了起来。不管怎么撒泼，武才人都稳如泰山般地坐在上面。“狮子骢”跑累了，于是缓缓地走到唐太宗面前。

唐太宗兴奋极了，他双手扶住跳下烈马的武才人，全场文武官员无不佩服得五体投地。

启示

要想赢得别人的好感，最简便的方式就是把别人做不到的事情做好，而且要做得绝对的好，这样才能让别人心服口服。故事中的武才人做到了百官都做不好的事情，无疑证明了自己，为自己赢得了机会。

中国清末“无冕女皇”——慈禧

慈禧太后（1835—1908），叶赫那拉氏，名杏贞。满洲镶蓝旗。咸丰皇帝的妃子，同治皇帝的生母，以皇太后身份垂帘听政，为自1861—1908年间大清帝国的实际统治者，掌权时间仅次于康熙和乾隆。慈禧太后是清朝“无冕女皇”，宫中及朝廷开始以“老佛爷”尊称之；死后谥号长度，为大清皇后之最。

知识链接

——量中华之物力，结与国之欢心。

——宁赠友邦，勿与家奴。

——谁要是我的敌人，他也就是我大清的敌人。

轶事

1902年，袁世凯到香港专门买了一辆德国产的白色敞篷汽车，他并不是用来自己享受，而是用来巴结慈禧。这辆汽车被送来之后，袁世凯迫不及待地带到了宫里。在进见老佛爷的时候，说：“老佛爷，臣带来了一辆小轿车，来孝敬您老来了。”

对于从来没有见过小轿车的慈禧来说，自然非常高兴了。她说：“你说这个东西，没有人抬，会自己走，实在太神奇了。”

袁世凯急忙凑上去说：“老佛爷，洋人都兴做这个，走路速度快，而且特别舒服。”

老佛爷笑嘻嘻地说："袁世凯，看在你一片真心的份上，我就勉强收下了。"

袁世凯接着说："老佛爷，我不仅给您送来了车，而且给你带来了个会开车的司机。您老要是想去哪里，告诉他，他就会开车带你去的。"

老佛爷笑着说："袁世凯，你办事真细心啊。来人啊，给袁世凯赏赐五百两黄金。"

袁世凯急忙跪拜谢恩。

当晚，那个叫做孙富龄的便开着车拉着慈禧在宫廷大院里转了两圈。慈禧非常高兴。在此后的日子里，孙富龄经常开车拉着慈禧去外面兜风。

这天，孙富龄拉着慈禧回了皇宫，刚走出宫门，就被李莲英拽住了。李莲英大声怒斥："你一个奴才，总是坐在老佛爷的前面，成何体统？以后你要跪着开车，否则，灭你九族。"

从那以后，孙富龄只好跪着开车。这天，慈禧觉得车行驶特别慢，于是问道："为什么车走得这么慢呢？"

孙富龄不敢说是因为李莲英吩咐自己跪着开车，没办法踩刹车，为了安全才开这么慢，所以他只好说："回禀老佛爷，车子有点坏了，所以不能开快。"

慈禧听了，非常不高兴，她说："这洋人的东西就是靠不住，刚坐了几次就坏掉了，还是我们的八抬大轿比较实在。"

从那以后，慈禧再也没有坐过小轿车。后来，这辆汽车就被闲置在颐和园内。

孙富龄害怕日后露馅，因为欺骗太后可是死罪，于是携家带口连夜逃出北京避祸。

启示 在左右无法权衡的时候，最好的办法就是尽快脱离是非。故事中的孙富龄很明白这一点，因而瞅准机会，迅速逃离了京城。

奥地利女皇——玛丽娅

玛丽娅·特蕾莎（1717—1780），奥地利国母，女大公，匈牙利和波西米亚女王，神圣罗马帝国皇帝查理六世之女，凭借尊贵的血统得到了奥地利、匈牙利、波希米亚三顶王冠，并使他的丈夫和儿子获得了帝国皇冠。她是哈布斯堡王朝最杰出的女政治家，她在战争与和平时期都取得了流芳后世的成就，使古老的哈布斯堡王朝重现焕发了活力。在任期间与其子约瑟夫二世皇帝实行"开明君主专制"，奠定了奥地利成为现代国家的基础。

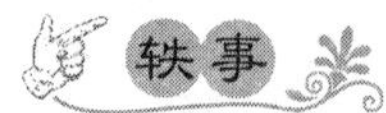

——最辉煌的胜利也比不上平庸的和平。

——上帝的怜悯使我得以坚强，使我能够在他为我安排的布满荆棘、痛苦和泪水的道路上徘徊前进；就算战斗到最后，我宁可卖掉最后一条裙子，也绝不放弃西里西亚！

轶事

有一次，奥地利女大公玛丽娅和丈夫，在没有侍卫和随从的陪伴下，穿着便装，悄悄地微服私访。他们一路上陶醉在宫廷外面的迷人风景中，两人玩得异常开心。不知不觉，太阳已经到了头顶上，肚子开始咕咕叫起来。

女皇拉着丈夫去附近的酒店吃饭，他们点了一桌子的山珍海味，可是在服务员要求他们埋单的时候，女皇陛下才意识到自己并没有带钱。于是她说：“我没有带钱。”

餐厅的经理非常生气地骂道：“没带钱你到我的酒店里吃什么饭呢？你这个骗子。”

听到餐厅经理的辱骂，女皇非常生气，她辩解道：“我不是骗子，我是你们的女皇。”

经理笑着说：“你是女皇，我还是陛下呢。你们这两个骗子，打着女皇陛下的旗号到处行骗，再不走的话，我就要叫警察了。”

为了避免把事情闹大，女皇玛丽娅只好带着丈夫迅速离开了酒店。他们走着走着，忽然一个葡萄园子出现在眼前。此时女皇非常口渴。

他们见四下无人，皇帝便自告奋勇翻越篱笆墙去为女王摘了几串葡萄，就在皇帝要翻出来的时候，一个园丁不知道什么时候出现在他们的身边了。园丁抓住皇帝说：“你们这两个小偷，竟然偷我的葡萄！你们要是不快付钱的话，我要你们好看！”

夫妇二人面面相觑，因为他们总是有人照顾，没养成随身带钱的习惯。

见园丁非常生气，女皇只好说：“我们是皇帝和陛下，请允许我们回去，我们回去之后一定给您把钱送过来。”

园丁生气地说：“你是奥地利女皇，我还是中国的皇帝呢。骗子！”说着，把两人抓到了地窖里。

直到晚上，宫内主管见皇帝和陛下不见了，于是派出卫兵四处找寻，他们费了很大的劲才把皇帝和陛下从园丁的地窖里拉了出来。

回去之后，玛丽娅立即命人在那个葡萄园边上立上了一块牌子，上面写

着："罗马皇帝犯了侵犯私人财产罪，匈牙利女王是他的同谋，甚至可以说是指使和教唆犯。"

启示 玛利娅女王并没有因为自己犯了错误而遮遮掩掩，相反，她让别人立上了一块牌子，把自己的罪状写清楚，以此来警醒自己。可见，在生活中，犯错误并不可怕，重要的是要坦然面对。

童话的女王——玛格丽特一世

玛格丽特（1353—1412），建立了卡尔马同盟。统治范围包括丹麦、挪威和瑞典、格陵兰岛、冰岛、法罗群岛也于此时成为丹麦的领地，同时称霸波罗的海。她统治的时代是丹麦历史上最强大的时期。玛格丽特一世毕生致力于统一北欧各国。在所有斯堪的纳维亚国家的历史上，玛格丽特一世均起着一个中心作用。她是中世纪最重要的人物之一，同时也是世界史中最伟大的妇女之一。玛格丽特一世毕生没有加冕，一直以摄政身份掌握权力，但她是丹麦公认的历史上最伟大的君主之一。

知识链接

评价："她受父亲熏陶，从小就对政治产生浓厚兴趣。作为统治者，她很善于刚柔相济，恩威并重。她知道力量的重要，为征服敌人，她残酷无情，杀人如麻；但她也知道笼络人心。"

轶事

玛格丽特当上了挪威和丹麦的女王之后，对瑞典的王位垂涎三尺。当时瑞典国内为争夺权力矛盾重重，玛格丽特广施仁义，收买瑞典人心。她得知瑞典人崇敬伯伊塔，因而在宗教上故意亲近，被追认为圣徒，与此同时，她还赞助了位于丹麦的伊塔教派的修女院。

不仅如此，玛格丽经常去修女院做礼拜，有时候还要在修女院住上几个晚上。慢慢地，她和一些普通的修女之间建立起了信任，她在修女院里来去自如，就跟自己的家里一样，大家也把她当做自己的亲人一样看待。

这天，一个曾经在宫里做事的宫女，叫作特蕾莎，后来当了修女。这天，她遇到了玛格丽特女王，要行大礼。玛格丽特急忙拦住她说："完全没有那个

必要啊，我在这里和你们一样，都是修女，这里没有女王。”

特蕾莎点点头说：“谢谢您。”

玛格丽特走过去拉着特蕾莎的手说：“今天我要离开了，你多保重。”说完，吻了她的手，转身离开了。

在修女院门口的时候，玛格丽特遇上了一个俗家修士，玛格丽特伸出自己的手，要和对方握手。俗家修士不敢将手伸出，而是将手用袍子裹着伸给女王，女王说：“你为什么不把手伸出来呢？”

俗家修士说：“您是尊贵的女王陛下，而我只不过是个低贱的平民，我担心自己的俗气玷污了女王的纤纤玉手。”

玛格丽特把俗家修士的手拉了出来，然后紧紧地握了握，说：“你不应该这么谦虚和自卑，我们都是平等的，没有什么高贵和低贱。”

女王这小小举动很快被传开了，很多人对女王非常欣赏，女王在不知不觉中占据了人们的心。后来，当瑞典王室出现危机的时候，玛格丽特女王被成功地推选为瑞典人的国王。

启示

尽管贵为女王，但是在修道院里，玛格丽特却把自己当成一个普通的修女，和别人平等相处，正是因为这种低调，让玛格丽特赢得了更多人的心。

白衣女王——伊莎贝尔一世

伊莎贝尔一世（1451—1504），西班牙女王。原是卡斯特王国的公主兼继承人，后来与阿拉贡王国继承人斐迪南结婚而促使两国合并，成就了西班牙的统一。她亲临前线，领导西班牙人进行了复国运动，结束了西班牙持续数百年的基督教“再征服运动”。她还企图在思想上统一西班牙，建立基督教“铁板一块”的局面，将大批穆斯林和犹太人驱逐出境。她资助了哥伦布远航，从此两个隔绝的世界联结成一体。凭借美洲殖民地源源不断的黄金供应，西班牙也借机在此后百余年间成为世界霸主。

知识链接

——为了某些理由和目的，我们派遣高贵的克里斯托瓦尔·哥伦布率领三条装备良好的帆船，携带一些礼物漂洋过海，驶向印度地区。

轶事

伊莎贝尔在还没有醒悟是怎么一回事的时候，她就被宫廷权力斗争推到了王位继承人的宝座上。但是却加上了一个让她很不舒服的条件，那就是她的婚事必须得到王兄的批准才行。这让伊莎贝尔很不开心。

伊莎贝尔并没有受到约束，她可不希望自己被王兄指定丈夫，她要找自己喜欢的意中人。于是她在私底下派出自己的亲信侍从到各国去拜访年轻的王子，为她寻找意中人。

这天，她派出去的一个亲信回到了她的身边，说："公主殿下，我去了阿拉贡国，他们的王子叫做斐迪南，此人不但品貌出众，而且英勇善战。我觉得是殿下最好的交往对象。"

伊莎贝尔听后非常高兴，当即写了一封信，让这位亲信带去。很快，斐迪南的信也传了过来，就这样，在信件联络的过程中，两人之间渐渐产生了感情。最后，他们私定终身。

这件事情很快传到了伊莎贝尔的王兄耳朵里，他是不允许自己的妹妹在婚姻大事上自己做主的。于是他急忙派人和葡萄牙鳏居的国王阿丰索五世联系，表示要把伊莎贝尔嫁给他。阿丰索五世自然非常开心。

王兄密谋要将伊莎贝尔抓捕起来，跟阿丰索五世成亲。消息走漏之后，伊莎贝尔立即派人去找斐迪南，并且和斐迪南迅速订了婚。之后，阿拉贡的军队前来围困卡斯特王国，最终打败了伊莎贝尔的王兄。

伊莎贝尔和斐迪南王子很快完了婚，之后他们将阿拉贡和卡斯特两个王国合并在一起，最终统一了西班牙。

启示

面对强加给自己且自己不喜欢的事情，要勇敢地反抗，这样才能赢得自由和幸福。故事中的伊莎贝尔女王，面对强加给自己的婚姻，进行了坚决地反抗，最终赢得了胜利。

虔诚的葡萄牙女人——玛丽亚一世

玛丽亚一世（1734—1816），葡萄牙布拉干萨王朝女王，继位前被封为巴西公主。玛丽亚一世推行重商主义政策，推行现代化的种植方式，并推广新的农作物。文化方面，她开办了皇家海军学校、皇家科学学院。外交方面，与罗马教廷修复了关系裂痕。同时，又创立了里斯本保育院，专门收留无家可归的孤儿。她不仅建立完善了警察组织，还在里斯本修建了夜间照明系统。葡萄牙暂时进入了一个相对和平和稳定的时期。

知识链接

1789年法国大革命，巴黎市民攻占巴士底狱的隆隆炮声也传到了女王的耳朵里。由于害怕自己也遭到路易十六一般的命运，女王开始神经紧张，惶惶不可终日，在1791年开始出现严重的精神疾患的症状，渐渐地不能料理国事了。

轶事

1777年，葡萄牙国王若泽，也就是玛丽亚的父亲因病去世了。作为唯一的继承人，玛丽亚继承了父亲的王位，当上了女王。她的丈夫成为了实际上的统治者。

一天，玛丽亚女王和丈夫佩德罗外出打猎，他们带着随从和仪仗队缓慢地行驶着。忽然，远处尘土滚滚，是几十匹快马疾驰而来，带头的正是国家的首相，军政大臣彭巴尔侯爵。

见了玛丽亚女王，彭巴尔侯爵并没有下马行君臣之礼，而是凑上前去，嬉皮笑脸地说："女王这是去哪里啊？"

玛丽亚女王的随从回答说："女王陛下去哪里，是你一个奴才管的事情吗？"

彭巴尔侯爵狠狠地瞪了一眼说话的这个随从，骑着马带着属下离开了。

这件事情让女王非常生气。有大臣说："女王陛下，彭巴尔侯爵这是以下犯上，根本没有把你放在眼里啊。索性把他抓起来杀了，以绝后患。"

玛丽亚女王思索了片刻说："不能杀他，毕竟他辅佐我的父亲治理了国家，算是有功之臣。现在我刚一登基，就杀了他，传出去别人会以为我杀害忠良，不利于国家的稳定。"

没过几天，女王陛下的随从，就是之前质问彭巴尔侯爵的那人意外地失踪，后来发现被杀害在郊外。这件事情，给玛丽亚女王很大的刺激，激起了她要除掉彭巴尔侯爵的愿望。

经过周密的安排，玛丽亚女王在彭巴尔侯爵丝毫没有防备的情况下，解除了他的兵权，尽管后来出于多方面的考虑没有杀他，但是却将他赶出了宫廷。

随后，女王玛丽亚一世大赦天下，释放了在押的彭巴尔时代政治犯。

启示

赢得主导权并不一定要刀兵相见，事实上这并不是明智的做法，而是要采取策略。故事中的玛丽亚女王就是很好地用了策略和计谋，解除了彭巴尔侯爵的兵权。

中国一代贤后——孝庄

孝庄文皇后（1613—1688），博尔济吉特氏，名布木布泰，蒙古科尔沁部贝勒寨桑之次女。清太宗皇太极之妃。顺治帝爱新觉罗·福临的生母，顺治帝即位后，与其姑孝端文皇后两宫并尊，称圣母皇太后；康熙帝即位后尊为太皇太后；孝庄文皇后是中国历史上有名的贤后，一生培养、辅佐顺治、康熙两代君主，是清初杰出的女政治家。

知识链接

临终前她嘱咐康熙说："太宗山陵奉安已久，不可为我轻动，况且我心中也舍不得你们父子，就将我在你父亲的孝陵附近择地安葬。"

轶事

1642年3月，清军俘获了明蓟辽总督洪承畴，皇太极非常高兴，因为他知道洪承畴是明朝德高望重的封疆大吏，如果他能归降，无疑是对明朝统治者最大的精神瓦解。于是等洪承畴被押解到盛京之后，很多人前来劝降，可是洪承畴滴水不进，只求速死。

这可急坏了皇太极。就在满朝文武束手无策的时候，孝庄毛遂自荐，亲自去劝说。

孝庄扮成一位汉族侍女，身藏一壶人参汁，来到关押洪承畴的地方。刚开始，孝庄绝口不谈政治，也不提劝降之事，而是温言婉语，一口一口给洪承畴喂下人参汁。洪承畴以为孝庄是一位出身贫苦、饱受磨难的汉人女子，他便毫无设防地说出了自己郁闷难解的心情。很快，孝庄完全取得了洪承畴的信任。眼见时机成熟，孝庄向洪承畴说明了自己的真实身份。

洪承畴得知了孝庄的真实身份之后，惊愕地半天没有说出话来。

孝庄趁机说："明朝政治腐败，经济濒于崩溃，老百姓早已不堪重负，灭亡是不可避免的事情。大丈夫在世，识时务者为俊杰，洪大人满腹经纶，怎么能就此结束自己宝贵的生命呢？”

也许是洪承畴被孝庄欺骗了，也可能是孝庄的话说到了他的心坎上，洪承畴号啕大哭。

孝庄明白，这时候是人心最脆弱的时候。于是她加强了语言攻势，她说：“大人是国家的栋梁之才，就这么不明不白地死了，实在是太不值了。纵然不为自己想，也应该为妻儿家人着想、为社稷苍生着想。以大人的威望才干，若能保全性命，就能为国家和百姓做很多事情，这样无论是对你和家人，还是对国家百姓，都是幸事。”

孝庄动之以情、晓之以理的一番劝说，彻底打垮了洪承畴的心理防线，成功地说服了洪承畴。在清军入关、平定中原、建立全国统一政权中，洪承畴立下了汗马功劳。

启示

要想俘获别人的心，首先要赢得对方的信任，这样才能了解他的秘密，从这些心理防线的最薄弱处下手往往能取得事半功倍的效果。故事中的孝庄就是很好地应用了这个方法，最终使得洪承畴投降了。

第

03

章

震撼世界的风云人物

当人们遭遇黑暗，痛苦绝望，看不到希望时，是他们带领人们，引导国家走向强盛，有的则为推动民权进步而不懈地坚持斗争。然而，他们也是平凡的人，和所有人一样会遭遇失败和挫折，那么，在这些生活的磨难面前，他们是如何坚强面对的呢？我们去了解他们不为人知的一面吧。

集大权于一身的人——恺撒

盖乌斯·尤利乌斯·恺撒（公元前100—公元前44），罗马共和国末期的军事统帅、政治家。公元前60年，凯撒秘密与庞培、克拉苏结盟，出任了高卢总督。之后用了八年时间征服了高卢全境，与此同时，还攻打了日耳曼和不列颠。公元前49年他率军占领罗马，集大权于一身，实行独裁统治。他统治时期，制定并实施了《儒略历》。公元前44年，恺撒遭以布鲁图斯为领导的元老院成员暗杀身亡。

知识链接

——你即使是收获了全世界，如果没有人与你分享，你将信感凄凉。

——人出于本性，往往更加相信和畏惧没有见过、隐秘陌生的东西。

——唯一好的是知识，唯一坏的是无知。

——懦夫在未死之前，已身历多次死亡的恐怖了。

轶事

7岁的时候，恺撒被父亲送进了一所专门培养贵族子弟的学校。很快，性格独立的恺撒就适应了学校的生活。他在学校里经常帮助别人，因而交了很多的朋友，大家都喜欢跟他一起玩。

恺撒学习非常认真，不但完成老师所布置的作业，而且学习非常主动，很多同学还没有接触到的东西，凯撒早已经滚瓜烂熟了。因而，不管是文学，还是历史和地理，他总是得到老师们的表扬，并拿到最优秀的成绩。

这天，老师在上地理课，当讲到世界格局时，恺撒突然问道："老师，你说世界有尽头吗？"

老师被他的这个问题一下子问蒙了，思索了几秒钟说："世界是有尽头的啊。"

恺撒接着问："那你告诉我世界的尽头在哪里啊？"

恺撒的问题问得让老师难以回答，后来，老师告诉恺撒："地球是个圆

球，起点就是终点。”

但是凯撒并没有结束提问，而是疑惑地问道：“老师，你说地球是圆的，那么从我们这里往东方走，一定还能走到我们这里，你说经过的这些地方会是什么样子的呢？会和我们这里一样吗？”

这一次，老师答不上来了，只好说：“恺撒，你别瞎提问，好好听讲吧，你内心的疑惑会得到解答的。”

晚上回到家里，恺撒并没有闲着，而是跑去他的姑姑家，缠着姑父给他讲外出征战的故事。每一次，当姑父神采飞扬地讲解战争中的各种事情的时候，小恺撒都听得津津有味。有时候，夜已经很深了，他还不肯离去。

后来，恺撒的妈妈发现小恺撒身上有过人的天赋，觉得他将来一定大有作为，于是对恺撒的要求更为严格了：平日里加强了对他的学习的帮助和辅导，更为重要的是对他的思想开始了启蒙教育。

启示

勤学多问才能让自己的知识不断地增长，而使用知识才能改变命运。恺撒从小就有探索的精神，这也是他以后不断征服世界的一种原始动力。

巴比伦帝国的缔造者——亚历山大

亚历山大大帝（公元前356—公元前323），古代马其顿国王，亚历山大帝国皇帝，世界古代史上著名的军事家和政治家。他足智多谋，在担任国王的短短十几年中，以其雄才大略，东征西讨，先是确立了在全希腊的统治地位，后又灭亡了波斯帝国。在横跨欧、亚的辽阔土地上，建立起了一个庞大帝国。其创立的帝国其疆域从爱奥尼亚海一直延伸到喜马拉雅山脉，是古代历史上最大的帝国。其统治基本沿袭了波斯帝国的旧规，继承了波斯的行政区划和管理体制。他一生未尝败绩，被认为是历史上最成功的统帅之一。他促进了东西方文化的交流和经济的发展，对人类社会的进展产生了重大的影响。

知识链接

——山不走到我这里来，我就到它那里去。

——狮子率领的羊群战斗力远胜由绵羊率领的狮子。

——把财富分给别人，把希望留给自己，它将带给我无穷无尽的财富。

——战胜恐惧，就能战胜死亡。

轶事

亚历山大大帝带领大军东征西讨，震撼世界。一次，路经一个小国，他派使臣找他们的国王速来投降。那个小国很穷，活着的人常常为自己准备坟墓，而坟墓就在自家门前。但国王却不理会亚历山大大帝，他说："我没有见他的必要！"

亚历山大十分惊讶，于是亲自去找小国国王。亚历山大看见小国的穷困，就问："你们是怎样生活的？"

"人们对生活是不会满足的。"小国国王这样回答。

亚历山大又指着坟墓问："为什么把坟墓早早挖在门前？"

"那是提醒人们，人最终都要死。"国王回答着，又取出一个骷髅给亚历山大看，"这是古代一个暴君的头骨，他干尽坏事，正在地狱饱受煎熬。"

国王放下骷髅，接着又拿起一个，说："这是一位贤明君主的头骨，他爱民如子，死后升入天堂。"

国王看看亚历山大，又拍拍他的头，问："你是两个帝王之中的哪一个呢？"

亚历山大大帝被问得目瞪口呆。他低下头默默地想了片刻，忍不住痛哭流涕，一把搂住国王。

国王拍拍他的肩膀，说："你的钱太多，人们都变成你的仇敌，人要知足啊！"

亚历山大连连点头，再一次拥抱国王，然后惘然告辞归去。

亚历山大大帝远征波斯出发之前，他将所有的财产分给了大臣。大臣皮尔蒂加斯非常惊奇，问道："那么，陛下，你带什么起程呢？"

"'希望'，我只带这一种财宝。"亚历山大回答说。

听到这个回答，皮尔蒂加斯说："那么请让我们也来分享它吧。"于是，他谢绝了分给他的财产。

亚历山大带着唯一的'希望'出发，却带回来所要征服的全部。

启示

带着希望出发。在追求成功的旅途中，不尽是掌声和鲜花，还有挫折和眼泪。如果在面临痛苦时，仍能保持对未来的希望，那就意味着成功还有希望。

印度圣雄——甘地

莫罕达斯·卡拉姆昌德·甘地（1869—1948），尊称圣雄甘地，是印度民族主义运动和国大党领袖。他既是印度的国父，也是印度最伟大的政治领袖。同时，也是甘地主义的创始人。在他的这种精神的鼓舞之下，印度人民脱离了英国的殖民统治，赢得了国家的独立。他的“非暴力”哲学思想，影响了全世界的民族主义者和那些争取和平变革的国际运动。

知识链接

——对真理之神的忠诚，胜过其他所有的忠诚。

——谬误不会因为千百遍地传播就变成真理；同样，真理也不会因为无人所知就变成谬误。

——从内心深处发出的一声“不”，要好过于为了取悦甚至是为了避免麻烦而说出的一声“是”。

——地球所提供的足以满足每个人的需要，但不足以填满每个人的欲望。

轶事

甘地早期曾经在南非的约翰内斯堡当律师，在那里，发生了这样一件事。

甘地的家离办公室大概有3英里。一天，他的同事，波莱克先生让甘地13岁的儿子曼尼拉尔去办公室取一本书。

可曼尼拉尔却把波莱克先生的话忘得一干二净。直到晚上，波莱克先生向曼尼拉尔问起书的事情，曼尼拉尔才想起来。

甘地知道后，就把曼尼拉尔叫到跟前，认真地说道：“孩子，我知道天黑了，路又远，你一个人又孤单。但你必须步行6英里为波莱克先生取回那本书。因为你答应过别人了，那么这件事就要做到，快去吧。”

甘地的家人听到这个决定，都非常担心。曼尼拉尔还是一个小孩子，在深夜里独自走那么远的路，这样的惩罚未免也太严厉了。其实事情并不严重，只是为了一本书跑一趟也没有必要，明天再取也来得及啊。

虽然大家心中都这么想，可是谁也不敢说出来。因为大家都了解甘地的性格，他一旦做出决定，就没人能改变。

沉默了一会儿，曼尼拉尔的哥哥卡尔扬向甘地请求道：“还是我去把书取回来吧。”甘地语气温和却很坚定地说：“可是做出承诺的是曼尼拉尔，不是你啊。”

“那就让我陪着曼尼拉尔一起去吧。”卡尔扬恳求道。甘地想了想，同意了，于是他们两个赶紧出发取书去了。

在这件事情上，平时对孩子们亲切和蔼的甘地，却固执得像石头一样。然而他看到曼尼拉尔信守了他的诺言，又露出了他亲切的笑容。

启示 在生活中，做事要有原则。答应别人的事就要努力做到，一个失信的人是得不到别人尊重的。

富有改革精神的帝王——彼得大帝

彼得大帝（1672—1725），彼得一世，俄国沙皇、俄罗斯帝国皇帝，著名统帅，是俄罗斯历史上最富有改革精神的帝王。在国内，他对政治、经济、军事、教育和文化进行了大刀阔斧的改革。不仅在科学技术和教育领域，而且在服饰和社会风尚等许多方面主张学习西欧。他制定的西方化政策是使俄罗斯变成一个强国的主要因素。在任时期，俄国的国号首次定为“俄罗斯帝国”。从莫斯科迁都圣彼得堡，使之成为全国政治、经济和文化的中心。他被认为是俄罗斯历史上最杰出的皇帝。

知识链接

——凡是只有陆军的统治者，只能算有一只手，而同时还有海军的统治者，才算是双手俱全。

——给我20年，还你一个奇迹般的俄罗斯。

——一个失败过的人比两个没失败过的人聪明。

——拖延就像死亡。

轶事

彼得大帝是俄罗斯最富有改革精神的帝国皇帝，就是他的改革让俄罗斯在短短数年之内跻身世界强国之列。

彼得大帝颁布了法令，要求全国上下全部“欧化”，这在当时的社会上引起了极大的反响。为了查看百姓对他法令的执行力度，这天，他穿着便装，一个人出门了。

在街上，他发现大胡子的男人少了很多，人们的服饰也渐渐欧化，整个社

会气象为之一新。看到这些变化，彼得大帝非常高兴。转眼一天就过去了，彼得大帝只顾着欣赏社会的变化，而忘了回去的时间，周围又没有亲信，他只好来到了附近的一家旅店。

旅店老板看到彼得大帝的时候，觉得他非常眼熟，但是一时半会又叫不上名字来。等到第二天查房时，看到房间里挂的彼得大帝的画像的时候，才惊讶地说："如果我没有猜错的话，您一定就是国王陛下吧？"

彼得大帝回答说："不，不对，你说错了，我不是国王陛下，我是为他服务的。"

面对客人的否认，店主继续问道："那您是为他做什么服务的呢？"

彼得大帝说："我帮他做的事情太多了，不过有些事情我能代劳，有些事情我做不了，就得请别人帮忙。"

说着，彼得大帝打了一盆水，开始自己刮胡子。

店主听了，笑着说："太有意思了，那您说说看，您替他做过什么事情呢？"

彼得大帝一本正经地说："比如，他有时候请别人给他刮胡子，有时候让我替他刮胡子。"

店主听了，好半天才明白过来，此时，彼得大帝早已经付了房费离开了。

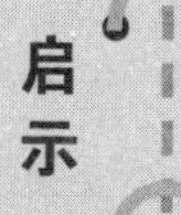

启示

一个人身份高贵，但在别人面前却表现地极其低调，本身就是一种人格的高贵。故事中的彼得大帝在住宿的时候，巧妙地隐藏了自己的身份，而且并没有说谎，可见他的智慧之高。

矮子巨人——拿破仑

拿破仑·波拿巴（1769—1821），法国军事家与政治家，他多次击败保王党的反扑和反法同盟的入侵，捍卫了法国大革命的成果。他推动司法改革，颁布了《拿破仑法典》，而这一法典也对世界范围内的民法制定产生了重要的影响，更是成为了后世资本主义国家的立法蓝本。他在欧洲大陆建立霸权，多次对外扩张，形成了庞大的帝国体系，传播法国大革命的理念，同时创立了法兰西第一帝国。这些战争中屡获胜利，以少胜多的案例屡见不鲜，由此他也被认为是史上最伟大的军事家之一。

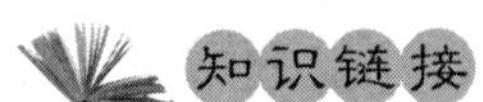
知识链接

——不想当将军的士兵不是一个好士兵。

——达到重要目标有两个途径——势力与毅力，势力只是少数人所有，但坚韧不拔的毅力则多数人均可拥有。它沉默的力量随着时间发展而至无可抵抗。

——在我的字典中，没有“不可能”这样的字眼。

——我成功，因为志在要成功，未尝踌躇。

轶事

欧洲反法同盟向法国本土发动了疯狂的进攻，两个担任防御任务的团却因为士气低迷而纷纷溃败，导致阵地失守。拿破仑得知后暴跳如雷，他叫来了传令兵吼道：“把这两个团的士兵给我集合起来！”

很快士兵们集合到了拿破仑的面前，各个小心翼翼地看着统帅，大气都不敢出。拿破仑双手交叉，抱在胸前，从队伍面前走过，他愤怒地斥责道：“你们不应该丢掉阵地，因为你们还不清楚夺回阵地要流多少血。”

士兵们惭愧地低下了头，拿破仑转身对参谋长说：“参谋长阁下，请你在这两个团的军旗上写下‘懦夫’两个字，他们以后再也不属于骄傲的法兰西军队了。”

士兵们一听，顿时傻眼了，有的号啕大哭起来，有的捶胸顿足，还有的高喊着“抢夺阵地”“报仇雪恨”的口号，其中有人激动地说：“统帅，我代表全体将士，请求再给我们一次机会，我们要证明自己并不是法兰西的耻辱！”

这时候，拿破仑双臂高举，大声喊道：“刺破敌人的胸膛，割断他们的喉咙，把侵略军给赶出去，把阵地夺回来！我拿破仑手下没有孬种！”

随后，两个军团向失去的阵地发起了冲锋，在敌人疯狂的火力下，硬是完成了不可能完成的任务，把阵地重新夺了回来，而且越战越勇，吓得敌军落荒而逃。

启示

每个人都有自尊心，要想让别人努力，不妨刺激他的自尊心，让对方为了赢得自尊而奋不顾身。故事中的拿破仑就是刺激了士兵的自尊心，从而鼓舞了士气。

南非首位黑人总统——曼德拉

纳尔逊·罗利赫拉赫拉·曼德拉（1918—2013）南非首位黑人总统，被尊称为“南非国父”。早年先后获南非大学文学学士和威特沃特斯兰德大学律师资格，当过律师。在任总统前，曼德拉是积极的反种族隔离人士，同时也是非洲国民大会的武装组织民族之矛的领袖，他成功地组织并领导了“蔑视不公正法令运动”，赢得了全体黑人的尊敬。被捕后，在牢中服刑了27年。曼德拉在40年来获得了超过一百项奖项，其中最显著的便是1993年的诺贝尔和平奖。2004年，被选为“最伟大的南非人”。

知识链接

——让黑人和白人成为兄弟，南非才能繁荣发展。

——在那漫长而孤独的岁月中，我对自己的人民获得自由的渴望变成了一种对所有人，包括白人和黑人，都获得自由的渴望。

——压迫者和被压迫者一样需要获得解放。夺走别人自由的人是仇恨的囚徒，他被偏见和短视的铁栅囚禁着。

轶事

著名的南非民族斗士曼德拉，曾经因为反对白人种族隔离政策，而被当局送进了监狱。他们把曼德拉关进荒凉的大西洋小岛罗本岛，尽管当时曼德拉年事已高，但是依然要遭受虐待和受非人的折磨。

这天一大早，曼德拉和其余的犯人一样被带到了海边，他们被命令下海去捞取海带。海水冰冷，曼德拉浑身冷得直打颤，他转身返回了岸边。

就在这个时候，一个白人狱警走过来，朝着曼德拉狠狠地抽了一鞭子，嘴里骂着：“老死鬼，还不快给我下去，想找死啊。”

曼德拉疼痛难忍，只好再次踏入冰冷的海水中。那一晚，曼德拉被冻感冒了，高烧39度。那个欺负他的白人狱警见曼德拉蜷缩在墙角，骂道：“发烧了吧，这下你肯定不冷了，看来明天应该再让你去下水。”

曼德拉虚弱地睁开双眼，说：“除了你身上的这身制服让我尊敬之外，你觉得你还有什么值得让我尊敬的呢？”

狱警听了，半天说不出话来。

当天晚上，就是这个狱警把曼德拉带到了医务室，打针输液照顾他。起初曼德拉对他很反感，后来慢慢被他的诚意感动了。后来，他们成了非常要好的

朋友。

在后来的总统就职典礼上，和这位狱警一起的同事们也来了。当曼德拉面对曾经虐待自己长达27年之久的狱警们时，他没有愤怒，而是笑着说："在过去的27年当中，感谢你们的照顾和陪伴。"说完，他向这几个狱警恭恭敬敬地敬了个礼。那一瞬，整个世界仿佛都静下来了。

启示

宽容是一种美德。这样会把敌人变成朋友。故事中的曼德拉对于曾经伤害过他的人并没有记仇，而是原谅了他们，他用伟大的人格征服了别人。

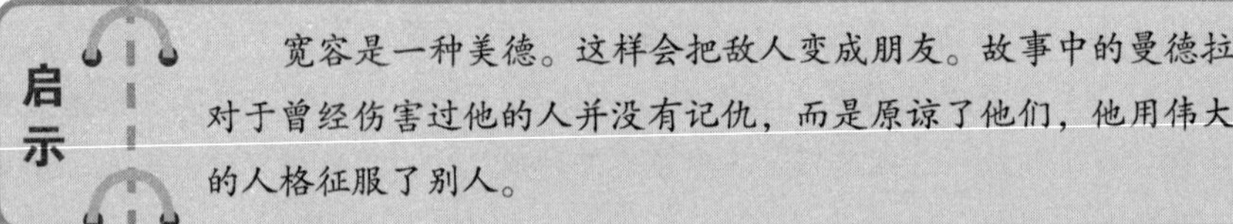

法国民族英雄——戴高乐

夏尔·戴高乐（1890—1970），法国军事家、政治家，国防部副部长。第二次世界大战期间，在英国组织了自由法国运动并发表了著名的电台讲话，号召法国人民抵抗纳粹德国的侵略，领导自由法国运动，战后短暂出任临时总统，后由于左派反对他要求加强总统权力的宪法被迫辞职。1958年，制定新宪法，成立法兰西第五共和国并当选第一任总统。戴高乐支持发展核武器、制定泛欧洲外交政策、努力减少美国和英国的影响、促使法国退出北约军事组织、反对英国加入欧洲共同体、承认中华人民共和国，这一系列思想政策被称为戴高乐主义。近年来被电视观众评选为法国历史上最伟大的人。

知识链接

——世界上无论多么高尚的原则，只有付诸实践才有价值。

——依我看来，作为战争赌注的不仅是只有民族和国家的命运，还有人类的命运。

——伟人之所以伟大，是因为他们立意要成为伟人！

——在一起共过很多患难的人，其友谊才称得上牢不可破。

轶事

1944 年盟军实现诺曼底登陆后，由马克·克拉克将军指挥的美国第五集团军驻扎在意大利。

在此期间，戴高乐来到意大利与克拉克会晤。克拉克将军的副官阿·沃尔

特斯担任译员。沃尔特斯觉得很奇怪：戴高乐将军在伦敦居住已有四年之久，英语一定说得很好，为什么还要翻译呢？这时，有人拿来一份很流行的美国杂志给沃尔特斯看。上面有介绍戴高乐将军本人情况的长篇文章，提到他虽然在伦敦居住很久，但并不会说英语，沃尔特斯心中的疑云这才散去。戴高乐到达后，与克拉克将军在篷车里举行了会谈。

那次会谈的主要内容是，调派克拉克将军指挥的一个法国军团参加即将开始的法国南部的登陆作战。沃尔特斯虽知道戴高乐将军不会讲英语，但把他的话译成英语，讲给克拉克听时，仍不敢掉以轻心。

谈着谈着，沃尔特斯发现，有时，克拉克说个“不”字，戴高乐也总是问沃尔特斯克拉克在说什么，他进而认为，戴高乐将军既不会说英语，也听不懂英语。于是，沃尔特斯胆子大起来。他把戴高乐的话译成英语时，便“发挥”起来，有时甚至加进一些自己的话。例如，“戴高乐将军说他不能这样做；但我认为，如果您（指克拉克）再坚持一下，他会同意的。”又如“他说他同意，但我认为他对这件事并不热情。”

会谈结束了，戴高乐将军起身告辞。他转过身来用流利的、但略带外国腔的英语对克拉克将军说：“克拉克将军，我们的谈话很有益。我们下次会面，会是在解放了的法国土地上。这是我衷心希望的，而且我深信在不久的将来一定能够实现。”

沃尔特斯惊呆了：戴高乐显然听懂了他的一切“发挥”，这使他惶恐之至，他哪里知道戴高乐将军向克拉克说的只是他背熟了的“备用英语”！在沃尔特斯惊魂未定之时，戴高乐笑着用英语对他说：“沃尔特斯，你的工作很出色。”

不过，后来戴高乐和沃尔特斯成了很要好的朋友。

启示

在不了解别人的时候，千万不要妄下结论，更不要自作聪明。否则，你得到的将是他人的憎恶和反感。故事中的沃尔特斯不了解戴高乐，而私自加入了自己的想法。好在戴高乐真的不懂英语，否则，难堪的便是沃尔特斯了。

美国黑人运动领袖——马丁·路德·金

马丁·路德·金（1929—1968），美国牧师，行动主义者，美国民权运动领袖。1963年，晋见了肯尼迪总统，要求通过新的民权法，给黑人以平等的权利。同年，在林肯纪念堂前发表《我有一个梦想》的演说。1964年度诺贝尔和平奖获得者。因采用非暴力推动美国的民权进步而为世瞩目，是当代美国自由主义的象征，通称金牧师。其后，他将目标重新设定在结束贫困和终止越南战争上。在1977年和2004年被追授总统自由勋章和国会金质奖章。1986年起美国政府将每年1月的第三个星期一定为马丁·路德·金全国纪念日。在美国在线票选活动《最伟大的美国人》中，马丁·路德·金被选为美国最伟大的人物，排第三位。

知识链接

——一个人如果一直没有找到值得他为之献出生命的东西，那么他就没有必要再活下去。

——我虽然十分反对暴力，但是有件事情比暴力更加罪过，那就是怯懦。

——知道什么是正确却不去做，是世界上最悲惨的事情了。我无法在明显的邪恶中不采取任何立场。

——任何地方只要一出现不公平的现象，就是对正义的威胁。

轶事

马丁·路德·金是著名的黑人活动家，一生为争取黑人的平等地位而斗争。当时尽管奴隶制度已经废除，但是黑人的社会地位依旧很低。白人任意欺压黑人，无视黑人的权利的现象并没有得到彻底的改变。

马丁的父亲是一名黑人牧师，在当地有很高的威望，很受爱戴。有一次，小马丁随着父亲开车出门，当车行驶到一个十字路口的时候，忽然一个白人警察正远远地朝他们挥手。小马丁心里顿时一阵紧张。因为他常听别人说白人警察殴打黑人的事情，只是没有亲眼所见。他在担心，警察会不会殴打父亲和自己呢？

小马丁怀着忐忑不安的心望了父亲一眼，父亲皱了一下眉头，并没有说什么，而是小心翼翼地将车开了过去，停在了警察的身边。这时候，那个满脸横肉的警察正瞪着他们看。

父亲摇下了车窗，非常有礼貌地问："警察先生，请问有什么事情吗？"

警察大声呵斥着："小东西，把你的驾照拿出来给我看。"

父亲被激怒了，但是他没有表现出来，而是一本正经地回答说："我是成年人，不是什么小东西，难道你没有看见吗？你应该叫我一声先生，不是吗？"

父亲的质问让这个白人警察的嚣张气焰收敛了不少，他瞪了小马丁和父亲一眼，哼了一声，悻悻地走了。

小马丁问道："爸爸，我们并没有做错什么，那个警察为什么对我们这么凶呢？"

父亲望着小马丁的眼睛，说："虽然人生下来是平等的，但是我们黑人却得不到平等的对待，这不公平。"

小马丁不解地问："那么，为什么我们会得到不公平的对待，那些白人为什么把我们看得低人一等呢？"

父亲沉重地说："孩子，错不在我们，而在那些白人的身上，你要记住，不管白人怎么看待我们，我们首先不能小看自己，要牢记为黑人赢得尊严。"

父亲的话深深地印在了小马丁的脑海里。

启示

不要让别人伤害你的尊严，勇敢地对他们说"不"，这不仅是捍卫了尊严，而且也是告诫了对方你不可侵犯。故事中的那位父亲就做得很好。

蒙古帝国可汗——成吉思汗

孛儿只斤·铁木真（1162—1227），蒙古帝国可汗，尊号"成吉思汗"，世界史上杰出的政治家、军事家。1206年建立大蒙古国，此后多次发动对外征服战争。1227年，在征伐西夏的时候去世。1265年，元世祖忽必烈追尊成吉思汗庙号为太祖。1309年，成吉思汗的谥号变为法天启运圣武皇帝。

知识链接

——要让青草覆盖的地方都成为我的牧马之地。

——我一旦得到贤士和能人，就让他们紧随我，不让远去。

——战胜了敌人，我们共同分配获得的财物。

——没有铁的纪律，战车就开得不远。

——你的心胸有多宽广，你的战马就驰骋多远。

轶事

阔阔出是成吉思汗族内的通天巫。这天，他带领着自己的兄弟把成吉思汗的弟弟合撒儿打了一顿。事后，他又来到成吉思汗跟前，说："上天让合撒儿治理百姓，您可要提防合撒儿呀！"

成吉思汗一听非常生气，亲自带人来到了合撒儿的帐内，将他捆绑并审问。母亲得知这个消息之后，赶到了合撒儿的帐篷里。只见合撒儿被捆绑了起来，成吉思汗正在责骂着，于是她坐在地上，解开衣襟，露出两只乳房，一边拍打着成吉思汗，一边责问道："你们都是吃我的乳汁长大的，合撒儿力气大，箭法好，替你出生入死地打仗。现在讨平了敌人，你就容不得自己的兄弟了。听任外人的挑拨，想治自己的兄弟！你说你的心是怎么长的啊？"

对母亲的指责，成吉思汗不敢多说什么。只好放了合撒儿，但是却只留给他几百人。

这一下，阔阔出更加神气了，到处宣扬成吉思汗对他言听计从。他四处笼络人，势力迅速扩张。

没过多久，阔阔出又毒打了成吉思汗的小弟弟斡惕赤斤，还强迫斡惕赤斤跪在自己面前求饶。当斡惕赤斤把这件事情告诉成吉思汗的时候，成吉思汗的妻子博尔贴流着眼泪说："他们对你的兄弟都如此，如果有一天，你这大树一样的身躯倒下之后，他们会让谁来治理你的百姓呢？"

妻子的话对成吉思汗的刺激很大，他觉得阔阔出野心膨胀，是到了必须铲除的时候了。于是对斡惕赤斤说："等一会儿，阔阔出来到我这里之后，你知道该怎么做。"

很快，成吉思汗便召来了阔阔出以及他的父亲和兄弟。斡惕赤斤扑上去揪住阔阔出的衣领说："昨天你羞辱了我，现在我要和你单独比试。"

阔阔出毫不示弱，两人揪扯着走出营帐。刚一出门，阔阔出就被三个事先预备好的大力士扑倒在地，接着一阵拳打脚踢，眨眼的工夫，阔阔出就没气儿了。

阔阔出的兄弟们得知阔阔出被打死了，卷起袖子准备拼命。成吉思汗说："他凌辱我的兄弟，天不爱他，把他带走了。如果他明白事理，长生天是会饶恕他的。"

从此，阔阔出一家再也不敢蛮横霸道。

启示 任何时候，都要有自己的主见，千万不要被他人左右。否则，你失去的是他人对你的信任。故事中的成吉思汗经历了一次失误之后，终于明白了这个道理。

南美的解放者——玻利瓦尔

西蒙·玻利瓦尔（1783—1830），拉丁美洲著名的革命家和军事家，拉丁美洲独立运动最杰出的领袖之一，也是整个拉丁美洲反抗殖民统治的革命运动中最为杰出的领袖。他领导了委内瑞拉、哥伦比亚、厄瓜多尔、秘鲁等地的独立战争，建立了联合委内瑞拉、哥伦比亚和厄瓜多尔的大哥伦比亚共和国及秘鲁、玻利维亚等国家，并促进民主意识形态在这些国家的发展。是南美共和制度的奠基者，被称作“南美洲的华盛顿”。为了永远纪念这位功勋卓越的革命者，他被授予了“解放者”的光荣称号。

知识链接

——我宁要公民的身份而不要解放者的称号，因为解放者的称号源于战争，而公民的身份来自法律。先生，请你们把我的一切头衔改为优秀公民的称号吧。

——如果一个人忘掉了他的家庭首先属于国家，其次才属于他个人……那么他就不能算是好公民，不能得到尊重。

——最完美的政府制度是那种能够提供最大的幸福、最大的社会安全和最大的政治稳定的制度。

——耶稣基督、堂吉诃德和我是历史上的三个最执著的人。

轶事

玻利瓦尔来到了海地。当时的海地已经挣脱了荷兰殖民者的统治，赢得了民族独立。玻利瓦尔在朋友的引见下，来到了海地总统府，会见了海地总统佩蒂翁，一番寒暄之后，玻利瓦尔说：“尊敬的佩蒂翁总统，你知道我们多么希望也能像海地一样，在自由的土地上能赢得民族独立，像你们赶走荷兰殖民者一样赶走西班牙的强盗。”

佩蒂翁听了说：“玻利瓦尔将军，我非常支持你们的民族独立解放的斗

争，希望你们能早日从西班牙殖民者手里挣脱出来。如果需要我们提供什么帮助，您尽管开口。”

玻利瓦尔开门见山地说：“是的，我们急需一些武器和物资。”

佩蒂翁听了，说：“好吧，海地还有几艘船在，我把它们送给你们，希望对你们有所帮助。至于武器弹药我们应有尽有，你带着你的人去武器库拿吧，拿到你们满意为止。”

听完佩蒂翁的话后，玻利瓦尔感激涕零，他说：“我代表委内瑞拉的全体国民，谢谢你们的帮助。”

经过两个多月的准备，玻利瓦尔带着二百多人的部队，乘着船只来到了委内瑞拉北海岸的奥里诺科省。在登陆之前，他对战士们说：“我们不仅仅要解放委内瑞拉，还要解放新格兰纳达（现在的哥伦比亚）、厄瓜多尔、秘鲁等被西班牙人奴役几百年的地区。我相信只要我们南美人民团结起来，就一定能取得最后的胜利，赢得民族独立。”

登陆之后，玻利瓦尔带着爱国军袭击了加拉加斯。不巧的是，加拉加斯是军事要地，有西班牙的重兵把守，经过激烈的战斗，玻利瓦尔的部队伤亡惨重，不得不撤退。

之后，玻利瓦尔认真总结经验，宣布了废除奴隶制的法令，赢得了大量黑人的支持。他还通过没收西班牙王宫和反动派的财产、分给革命军战士土地、取消印第安人的人头税并保证分土地给他们等措施，让革命队伍迅速壮大了起来。与此同时，他把部队带到了敌人相对薄弱的乡村地区来开展斗争。

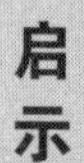

启示

失败并不可怕，关键是要总结失败的教训，这样的失败才会更有意义。故事中的玻利瓦尔失败了，但是他总结了经验，采取了相应的措施，最终扬长避短，走出了一条适合自己的道路。

第04章

探险世界的旅行家

面对未知的世界，是他们迈出了探索的第一步，也许正是因为他们的冒险，人们的视野才开始不断扩展，但他们却为此付出了巨大的代价，有些人甚至为此付出了生命。然而，不管他们当时的目的是怎样的，为人类社会作出的贡献是不可磨灭的。就在这些看似无畏无惧的英雄身后，却有着和普通人一样的欢乐和痛苦。让我们去了解他们的喜怒哀乐，去解读英雄背后的故事吧。

伟大航海家——哥伦布

克里斯托弗·哥伦布（1451—1506），意大利著名探险家、殖民者、航海家，地理大发现的先驱者。他在1492—1502年在西班牙的资助下四次横渡大西洋，到达美洲大陆，并成为到达美洲新大陆并发展其事业的首位西欧人。他也因此成为了名垂青史的航海家。他的这些航行，使得欧洲人知道了美洲，开创了在新大陆的开发、殖民地和移民的新纪元。

知识链接

——世界是属于勇者的。

——创造难，模仿容易。

——天才，就是别人认为毫无价值的不毛之地，你却能挖掘出黄金和甘泉来！

——发现只孕育在勇往直前地坚持之中，我想，它与懦夫大概永远无缘。

——只要我们能把希望的大陆牢牢地装在心中，风浪就一定会被我们战胜。

轶事

经过了十八年的准备后，哥伦布终于成功越过大西洋，发现新大陆。伟大的创举引起举国欢腾，因为这一划时代的发现，哥伦布被视为英雄而受到国民的追捧和崇敬。

但也有那么一些无视事实、否认真理的小人想使哥伦布难堪。一次，在为哥伦布庆功的宴会上，有人跳出来发难：“听说你在大西洋的彼岸发现了新大陆，那有什么了不起？任何人通过航行，都可以像你那样到达大西洋彼岸，并发现新大陆。这是世界上再简单不过的事了，只不过你做得比他人提前了而已，为什么要小题大做呢？”

面对小人的挑衅，哥伦布并没有立刻回击，他从容地站起来，从桌上拿起一个鸡蛋，对在场的客人们说：“先生们，这是一个普通的鸡蛋，谁能把它

立起来呢？”在座的宾客们一个接一个，试图把鸡蛋立起来，但是鸡蛋传了一圈，也没有人能成功。这时大家都说，要想把鸡蛋立起来，这是绝对不可能的事情。

于是哥伦布接过鸡蛋，轻轻地在蛋壳上敲出一个小坑，毫不费力地把鸡蛋立了起来，顿时全场哗然。哥伦布转身对大家说：“这不是世界上最简单的事吗？然而你们却说这是不可能办到的。是的，当人们知道了某件事情该怎么做之后，也许谁都能做到了。”

那个故意挑衅的人见状，无话可说，只得转身离开了。可是，哥伦布并没有让他走，而是指着他说：“转身离开是任何人都能做到的事情，你为什么直到现在才做呢？是你太笨呢，还是别人比较聪明呢？”

哥伦布以广博的学识、机敏的才智、简明的实例，迅速构成一个严密的模拟推理，明确指出，在一件事情未获得验证前，是极度困难的，但只要有人找到解决的方法，这事就变得再简单不过。

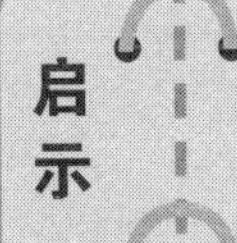

与其和对方进行无谓的争执，不如用事实证明自己。故事中的哥伦布在遭到别人的质疑时，没有做过多的辩解，而是用事实证明了自己的伟大。

神秘旅行家——马可·波罗

马可·波罗（1254—1324），意大利威尼斯商人、旅行家、探险家。在中国元朝时期随父亲和叔叔历时四年多来到中国，在中国游历了17年。回国后出了一本《马可·波罗游记》（又名《东方见闻录》），记述了他在中国，这个东方最富有的国家的见闻，激起了欧洲人对东方的强烈向往，对以后新航路的开辟产生了巨大的影响。同时，西方地理学家还根据书中的描述，绘制了早期的“世界地图”。《马可·波罗游记》第一次较全面地向欧洲人介绍了发达的中国物质文明和精神文明，将地大物博、文教昌明的中国形象展示在世人面前。

知识链接

马可·波罗的中国之行及其游记，在中世纪时期的欧洲被认为是神话，被当成“天方夜谭”。但《马可·波罗游记》却大大丰富了欧洲人的地理知识，

打破了宗教的谬论和传统的“天圆地方”说；同时《马可·波罗游记》对15世纪欧洲的航海事业起到了巨大的推动作用。意大利的哥伦布、葡萄牙的达·伽马、鄂本笃，英国的卡勃特、安东尼·詹金森和约翰逊、马丁·罗比歇等众多的航海家、旅行家、探险家读了《马可·波罗游记》以后，纷纷东来，寻访中国，打破了中世纪西方神权统治的禁锢，大大促进了中西方文化交流。可以说，马可·波罗和他的《马可·波罗游记》为欧洲开辟了一个新时代。

马可·波罗和父亲以及叔叔等一大队人经过了重重困难，终于来到了中东古城巴格达。从这里，他们打算乘船到中国。在旅店住下之后，父亲带着马可·波罗去购买食物，为远行做准备，其余的人则留在旅店里等候。

他们买好了干粮，准备回旅店，忽然，父亲看到不远处一个小酒店，他拉着马可·波罗的手走了进去。就在父亲掏钱买酒的时候，马可·波罗一转头，发现酒店外有个人鬼鬼祟祟地朝里面探望，他急忙拉了一把父亲的衣袖，悄悄说：“爸爸，我看到门外有人在盯着我们。”父亲一转头，也看到了那个人。于是他对马可·波罗说：“别声张，快走。”

他们出了酒店后，路上不敢多做耽搁，迅速来到了住宿的旅店。他们没有把有人曾经跟踪的事情告诉大伙，怕引起恐慌。

为了第二天一早赶路，大伙匆匆吃了个便饭，便早早去休息了。

晚上，马可·波罗睡得正香，忽然听到外面有吵闹声，他睁开眼睛一看，火光把外面照得通亮，他急忙拉了父亲一把，他们迅速穿好了衣服，准备出去看看发生了什么事情。

忽然，有两个蒙面人破门而入，不由分说，狠狠地抽了马可·波罗和父亲耳光，然后把他们押到了外面，和别人一起拴在了马桩上，并派两个强盗看着他们。在这期间，他们看到这些强盗拿走了他们的衣服和钱财，并在他们的房间里喝起了酒。

后半夜的时候，两个强盗睡着了。父亲拿出随身携带的小刀，割断了绳子，悄悄地跑了出来。离开旅店之后，担心强盗来寻找，他们拼命地奔跑，过了一段路之后，他们找了个草堆藏了起来。

第二天，他们悄悄地跑回去查看，强盗已经没了踪影，和他们一起来的人也全部不见了，只剩下马可·波罗和父亲以及他的叔叔了。他们身无分文，没钱坐船，只好改走陆路，前往中国了。

启示 把自己的钱财藏起来，这样才能最大限度地保护人身安全。故事中的马可·波罗一行人正是因为露了财才招致了祸端。

欧印航线的发现者——达·伽马

瓦斯科·达·伽马（1469—1524），葡萄牙航海家、探险家、欧印航线的发现者。他是历史上第一位从欧洲航海到印度的人。1497年受葡萄牙国王派遣，率船从里斯本出发，寻找通向印度的海上航路，船经加那利群岛，绕好望角，经莫桑比克等地，于次年到达印度西南部卡利卡特。同年秋离开印度，回到里斯本。达·伽马通航印度，促进了欧亚贸易的发展。欧洲对印度洋沿岸各国和中国的贸易，主要通过这条航路。这条航路的通航也是葡萄牙和欧洲其他国家在亚洲从事殖民活动的开端。

知识链接

达·伽马无疑是一个坚强有力的领导者，但是人们对他人格的评价是“骄横跋扈，狂暴凶残”。他航海绕过好望角后，进入了一片新天地。达伽马通航印度，促进了欧亚贸易的发展。可以说，达伽马的伟大发现大大促进了欧亚之间的贸易交流，直接促进了人类史的世界化趋势和发展，具有巨大的意义！

轶事

这天，达·伽马接到了国王曼努埃尔的召见。当时，他正准备出海捕鱼，听到王宫的侍从传达国王的命令之后，他立即随着侍从来到了王宫，拜见了国王。

国王开门见山地说：“达·伽马，我听说你很有冒险精神，所以我想命你带领船队，代表葡萄牙王国出海探险，你可愿意前往？”

达·伽马想了想说：“国王陛下，您能告诉我为什么要去探险吗？这次探险的目的是什么呢？”

“你难道没有听说过吗？海外有大量的黄金，你此行的目的就是前去查看，寻找我们没有发现的大陆。国家要想强大，就需要大量的财富，这些海外或许会找到。”国王解释道。

达·伽马点了点头说：“好吧，国王陛下，我愿意代表国家前去探险。”

国王陛下笑着说："所有的费用都由国库开销，水手海员我们都已经准备妥当，你即刻准备，明天一早出发，有问题吗？"

达·伽马说："好的，国王陛下。"

第二天一早，达·伽马来到了码头，此时国王早已下令把一切准备妥当，就等达·伽马登船。就在达·伽马准备起航的时候，国王委派钦差大臣前来欢送。

就这样，达·伽马率领四艘船，共计一百四十多名水手，从首都里斯本起航，踏上了探索通往印度的航程。他循着十年之前迪亚士发现好望角的航路，迂回曲折地驶向东方。

四个月的时间转眼过去了，他们已经行驶了四千五百多海里，来到了与好望角毗邻的圣赫勒章湾。在那里，他们看到了一块陆地。达·伽马命令船员将船靠在岸边，稍作休整。船员们有四个月没有登陆了，他们欢呼着在陆地上奔跑。

休整了三天之后，达·伽马下令登船继续西行。有很多船员不愿意再往前走了。因而，他们派了代表去见达·伽马。代表说："达·伽马先生，再往前走有可能遇到暴风袭击，大家伙的意思是与其前去送命，不如按照原程返回。"

达·伽马一挥手说："不行，这次远行的目的没有达到，是不可能回去的，再说了，乘船探险，怎么可能因为担心暴风而放弃呢。你回去告诉船员，要是不走也可以，我们要将船开走了，如果船走了，他们是没有办法生存的。"

代表把达·伽马的意思传达了。眼看着船就要被开走了，不愿意继续航行的船员只好登船，跟着达·伽马继续前进了。

启示

遇到反对，与其和对方争执，不如用事实来逼迫对方就范。故事中的达·伽马在遭到属下反对后，表示要把船开走，结果逼迫那些不愿意继续前进的船员就范了。

美洲大陆的猜想者——麦哲伦

费南多·德·麦哲伦（1480—1521），葡萄牙著名航海家和探险家，先后为葡萄牙和西班牙作航海探险。从西班牙出发，绕过南美洲，发现麦哲伦海峡，然后横渡太平洋。虽死于与菲律宾当地部族的冲突中，但他的船队继续西航回到西班牙，完成第一次环球航行。被认为是第一个环球航行的人。

知识链接

——我自己是凡人，我只要求凡人的幸福。

——陆止于此，海始于斯。

——生活的真谛在于热情。

轶事

一天，麦哲伦的船队到了萨马岛附近一个无人居住的小岛上，以便在那里补充一些淡水，并让海员们休整一下。临近小岛上的人从来没有见过西班牙人，纷纷前来观看，他们拿出椰子、棕榈酒等食品换取西班牙人的红帽子和一些小玩物。

几天之后，船队继续向南航行，在棉兰老岛北面的小岛停泊。当地的土著乘着一艘小船向船队靠拢，船员都不会说当地的语言，一个叫做恩里克的奴仆用马来西亚语言向小船喊话，土著听懂了他们的意思。

过了大概两个小时，驶来了两只大船，船上坐满了人，当地的领头人也来了。直到这个时候，麦哲伦才明白，这里离他们的目的地已经不远了。岛上的首领来到麦哲伦的指挥船上。

麦哲伦对首领说："我们愿意和你们和睦相处，如果你们承认自己是西班牙王国的属臣，那样我们就可以对你们提供军事援助了。"

首领回答说："我们愿意接受你提出的建议。"

为了使首领信服西班牙人，麦哲伦在附近进行了一次军事演习。一星期后，他携带全家大小和数百名臣民作了洗礼，在短期内，这个岛和附近岛上的一些居民也都接受了洗礼。

很快，岛上的首领对麦哲伦说："我们有一个宿敌，他们就住在附近不远的小岛上，希望你们能帮助我们消灭我们的敌人，让我们得以安全。"

麦哲伦点头答应了。

于是，这天，他亲自带着六十多人乘坐三只小船前往，由于水中多礁石，船只不能靠岸，麦哲伦和船员五十多人便涉水登陆。谁知，岛上的土著早已经严阵以待，对他们进行了攻击，麦哲伦命令火炮手和弓箭手向他们开火，可是攻不进去。

接着，岛民向他们猛扑过来，船员们抵挡不住，边打边退，岛民们紧紧追赶。麦哲伦急于解围，下令烧毁这个村庄，以扰乱人心。岛民们见到自己的房子被烧，更加愤怒地追击他们，射来了密集的箭矢，掷来了无数的标枪和石块。当他们得知麦哲伦是船队司令时，攻击更加猛烈，许多人奋不顾身，纷纷

向他投掷标枪，或用大斧砍来，麦哲伦就在这场战斗中被砍死。

启示

任何时候都不要轻易卷入别人的争斗中去，否则你就只能是个牺牲品。像故事中的麦哲伦，卷入了当地人的争斗中，结果丢掉了自己的性命，得不偿失。

好望角的发现者——迪亚士

巴尔托洛梅乌·迪亚士（1451—1500），葡萄牙贵族、著名航海家。他接受了葡萄牙国王命令，寻找一条绕过非洲大陆到达印度的贸易航线。他于1487年带领船队航行出发，沿着非洲西海岸向南驶去。1488年春天最早探险至非洲最南端好望角的莫塞尔湾，为后来另一位葡萄牙航海探险家达伽马开辟通往印度的新航线奠定了坚实的基础。

知识链接

翻开世界地图，我们不难发现，非洲大陆就像一个大楔子，深深地嵌入大西洋和印度洋之间。这个“楔子”的最尖端，就是曾经令无数航海家望而生畏的“好望角”，它由葡萄牙航海探险家迪亚士于1488年发现。

轶事

迪亚士当了一名水手，跟随一艘商船航行在地中海到里斯本之间。

有一次，商船来到地中海外的海湾，碰上暴风雨，海上狂风大作、浪涛汹涌。猛然间，“咔嚓”一声响，船上的一支桅杆折断了。风帆半挂在折断的桅杆上，使船的方向失控，随时都有被狂风大浪掀翻的危险。

船长大惊失色，却又束手无策。有人给船长出主意：“船长先生，重赏之下必有勇夫，只要你出高价，我想必定会有人出来为你排忧解难的。”

船长听了，觉得有理。他大声说：“各位请注意，现在你们当中不管是谁，如果能帮助我清除挂在桅杆上残破的帆，我答应将船上货物五分之一给他。”

这是一笔不小的财产，但没有人说话，没有人响应。船长有些急了。眼看船已经倾斜，他咬了咬牙，又喊：“我把船上货物的五分之二给他。”

这时，一个名叫恩里梯米的中年水手站了出来，吼道：“船长，你的话可

算数？”

船长指了指天空：“我向上帝保证，我一定会兑现我的承诺。”

这时风更大了。那狂风撕扯着断桅杆上挂着的破船帆，发出噼噼啪啪的声响。

恩里梯米将一把锋利的砍刀插在腰上，对前来帮助他上桅杆的迪亚士点了点头。随后双手一抱桅杆，向上爬去。那杆在风中摇来摇去，仿佛随时都会倒下来。恩里梯米抱住桅杆，用右手去撕扯缠在一起的帆布。有一块帆布松动了，渐渐从一大堆帆布的绞裹中分离出来。那布边已撕得粉碎，一条一条地在风中舞动。

突然，帆布脱开了桅杆，从正面扑向伸着胳膊探着身子的恩里梯米。那布一下子将恩里梯米打晕了过去，然后，裹着他一起投向远处的大海。

迪亚士心里像着了一团火，他恨这风浪，他抄起一把利斧，向桅杆上爬去。他爬到了恩里梯米跌入大海的地方，那已有了刀痕的桅杆断处，随时会劈开，撕成两半。他伸手取下利斧，朝着缠在一起的帆布砍去，一下，两下，三下……那些帆布一片一片散开了，然后脱落，飘向远处，飘下大海。

“得救了！”船上的人欢呼起来。

启示

虽然说“重赏之下必有勇夫”，但金钱毕竟不是万能的。在真正的危难面前，金钱起不到任何作用，最终能够挽救人性命的还是出自于人类本身的果敢和勇气。无疑，迪亚士就是这样一位拥有正义感的真正的勇士，所以他的成功也就是必然的了。

首批登陆澳洲东岸的欧洲人——库克船长

詹姆斯·库克（1728—1779），人称库克船长，是英国皇家海军军官、航海家、探险家和制图师，经度仪航海测定船位的发明者，也是发现治疗坏血症的第一位船长。他曾经三度奉命出海前往太平洋，带领船员成为首批登陆澳洲东岸和夏威夷群岛的欧洲人，也创下首次有欧洲船只环绕新西兰航行的纪录。他给人们关于大洋，特别是太平洋的地理学知识增添了新的内容。在探索旅途中，库克也为不少新发现的岛屿和事物命名，大部分经他绘制的岛屿和海岸线地图，都是首次出现于西方的地图集和航海图集内。地图的精确度和规模皆为前人所不能及的。

知识链接

出身草根的库克在航海史上取得了非凡的成就，在前后12年，三次探索太平洋的经历中，他走遍太平洋不少未为欧洲人所知的领域，虽然他未能找到传说中“未知的南方大陆”和西北航道，不过在他的带领下，欧洲人仍然首次踏上不少像是澳洲东岸和“桑威奇群岛”（即夏威夷群岛）等西方人未曾登陆过的地域，由他命名的地方更是遍布太平洋各地。他以更精确的航海技术制作航海图，成为当时航海史上一大突破。

轶事

库克船长带着船队航行了很久，终于看到了被森林覆盖的群山，显然这里是一个很大的岛屿。那么，这里是否就是所谓南方大陆的边缘部分呢？就连库克船长本人也弄不清楚，他决定先到岛上看看再说。

于是，库克船长指挥着“奋进”号围着海岸绕了很大一阵子，最后在一个深水湾中下了锚。忽然有人告诉库克船长：“船长，快看，那边有烟火，好像有人居住。”

船员们纷纷拿出枪，拉上了栓，准备随时攻击。这时候只听库克船长压低声音说：“大家都不要开枪，以免让那些土著误会我们。我们是来交往的，对他们没有恶意，他们应该也不会攻击我们的。”

于是，库克船长带着船员们走了过去，土著很快就发现了他们，纷纷拿着弓箭和标枪对准了船员。很明显，对于突然出现的外邦人，他们还不能确定自己不会受到攻击。为了向土著传达友谊，库克船长命令船员把手举起来，慢慢靠近土著。

土著见他们把手举了起来，确定没有恶意，也慢慢放下了手里的武器。他们把自己的皮带、白兰地酒等作为礼物送给这些土著，作为向导的图派埃能听懂一些土著的话，也向土著们解释了探险队的意图。土著们也很高兴地送给他们一些新鲜水果和蔬菜。

但是，第二天一早发生了意外。一个船员看到不远处有一只兔子，于是举枪便打，结果兔子没有打着，却误伤了一个土著。这时候，十多个土著纷纷拿着石块、棍棒向探险员们扑来。图派埃见势不好，连忙拖着几个队员上了小舟，回到了大船上。

显然，这个地方是无法登岸了，于是库克带着几个队员划着小船另寻登陆点，这时又有两只土著的独木舟向他们划来。图派埃向他们喊话，要他们靠过来，并保证不伤害他们，可是几个土著还是害怕了，掉转船头便逃。库克急

了，命令开枪，最后打死了几个当地土著居民，可他们也不敢贸然登岸。

启示　在还没有建立信任之前，一定要注意言行，因为这个时候彼此还在试探时期。一不小心就会让别人对你产生敌意。故事中的库克船长因为手下的一不小心，结果受到攻击。

首次亲自完成环球航行的人——德雷克

德雷克（1540—1596），英国历史上著名探险家、航海家以及海盗。他出生于一个贫苦的农民家庭。德雷克从学徒做到水手，最后成为商船船长。据知他是第二位在麦哲伦之后完成环球航海的探险家，即是第一位完成环球航行的英国海员，他的地位和经历常为人所津津乐道。他沿非洲西海岸南下，然后横渡大西洋，到达巴西。接着他沿南美洲海岸南下。德雷克终于发现了将火地岛和南极洲隔开的航道。由于他运回了西班牙的黄金，伊丽莎白女王封他为爵士。

知识链接

17世纪英国实力逐渐增强，德雷克在英国女王伊丽莎白一世的资助及默许下，完成了第一次由本人亲自完成的环球航行，并对西班牙船只进行了海盗式的掠夺，给英王室带来了巨大利润，后被女王亲自授予“骑士”称号。

轶事

1568年，德雷克和他的表兄约翰·霍金斯带领五艘贩奴船前往墨西哥，由于受到风暴袭击，船只受到严重损坏，无法继续前行。

这天，德雷克找来了自己的亲信，对他说：“现在船只受到了严重的损毁，无法继续前行，我派你去打探，看看周围有没有海港，我们需要靠岸修船。”

亲信点了点头，出去了。很快，他就带来了消息：“前方不远处有一处海港，是西班牙人所属，不知道人家愿意不愿意让我们进港。”

德雷克想了想说：“你带上礼物和钱财前去谈判，我想同样在海上航行的人，应该不会拒绝吧。”

于是，亲信带着丰厚的礼物和钱财前去拜访西班牙的海港。西班牙总督热

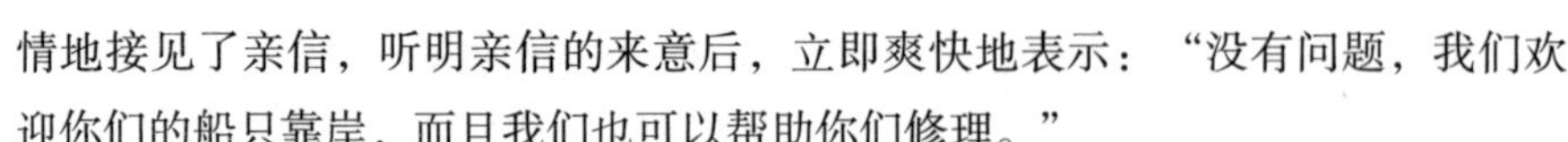

情地接见了亲信，听明亲信的来意后，立即爽快地表示：“没有问题，我们欢迎你们的船只靠岸，而且我们也可以帮助你们修理。”

亲信立即表达了谢意，回到了船上。德雷克听说西班牙总督同意他们进港后，非常高兴，他说：“天无绝人之路啊，立刻开足马力，向港口进发。”

等他们的船进港之后，总督依旧热情地接待了德雷克和船员们，并为他们安排了食宿。同时命令港口内的工匠开始修理船只。

第二天一早，德雷克刚吃过早饭，突然听到外面一阵嘈杂，夹杂着枪声。他急忙跑出去观看，只见西班牙士兵端着枪，到处猎杀他的船员。德雷克急忙叫上霍金斯，搭上附近的一艘小船，悄悄逃跑了。

在他们逃出去不远后，看到西班牙总督站在港口望着他们，德雷克质问道：“你身为总督，为什么出尔反尔呢？”

总督哈哈大笑，说：“新大陆的财富只有西班牙人才有资格享受。你们抢了我们的财路，我们自然要夺回来了。”

直到这时候，德雷克才明白，原来自己上了西班牙人的当了。从此以后他就有了一颗仇恨西班牙的心，他发誓在有生之年一定要复仇。

启示

害人之心不可有，防人之心不可无。任何时候都不能绝对地相信别人，毕竟每个人都会从自己的利益出发。故事中的德雷克就是过分地相信了西班牙总督，才导致了自己的财物被骗的。

葡萄牙航海者——恩里克王子

恩里克王子（1394—1460），别称亨利王子，葡萄牙亲王。他的影响力在于建立了全世界首个航海学校、天文台、图书馆、港口及船厂，为葡萄牙日后成为海上霸主奠定了基石。这座历史上第一所国立航海学校，系统地研究航海科学和技术。在他的支持下，葡萄牙船队在非洲西海岸至几内亚一带，掠取黑人、黄金、象牙，并先后占领马德拉群岛等。在穷其一生对航海事业的不断追求中，亨利王子获得了“航海家亨利”的称号。葡萄牙的航海事业开始于他，所以后世的葡萄牙人用国旗上那一片绿色向他致敬。

知识链接

从13世纪30年代起，恩里克向当时人类的航海极限发起挑战。他远离豪华

舒适的宫廷，放弃了婚姻和家庭生活，选择在葡萄牙西南角荒凉的圣维森特角附近的萨格雷斯定居下来，在这里创立了一所航海学校和一个天文台。他从国外招聘有名的宇宙学家和数学家，研究搜集来的大量信息。

这天，恩里克王子在王宫召见了一个常年从事航海的人，对他说："我要你代表葡萄牙去航海，你愿意不愿意去啊？"

航海家说："要我代表葡萄牙去航海，也就是说最终获得的好处是属于葡萄牙王国的，那么，对于我来说有什么好处呢？"

恩里克王子笑着说："我自然不会亏待你。事实上，我们这次出去，是想到非洲西海岸至几内亚一带，掠取黑人、黄金、象牙，但是我们缺乏一个经验丰富的向导，你所要做的就是做好这个向导。我们掠夺来的财富，分十分之一给你，怎么样，这样的好处还满意吗？"

航海家想了想说："我看你们还是找别人吧，十分之一实在太少了，不值得我为此卖命！"说完就要离开。

恩里克王子说："你知道所有财富的十分之一到底有多少吗？足够你几辈子人过上富足奢侈的生活了。"

航海家惊讶地说："真的有你所说的那么多吗？"

"当然了，我们这次派出的人数船舶众多，浩浩荡荡如同一支军队，别忘了，我们是去掠夺财富，不是去游山玩水的。"恩里克王子胸有成竹地说。

航海家一听，高兴地说："听你这么一说，我觉得很有必要走一趟了。但是，你可要遵守诺言，否则，我会很不高兴的，到那时候，遭受损失的可是你们了。"

恩里克王子走过来，拍着航海家的肩膀说："这个你完全放心，我们是想要大肆掠夺财富的，给你的那部分对我们来说是必须要付出的，否则我们就不会找你了。"

航海家走了之后，侍从不解地问："尊贵的王子，你作为王室的成员，地位高贵，衣食不缺，完全可以凭陆上事业大展宏图，为什么却把目光投到掠夺上呢？"

恩里克王子语重心长地说："你哪里知道，海外的财富远比我们国内的多，再说了，葡萄牙王国将来发展的方向只能是海上，这一点难道你没有看到吗？除此之外，我还有一个秘密，那就是想借着航海的名义，寻找传说中东方的基督教'普莱斯特·约翰'的国家，从而与之夹击北非的穆斯林。"

侍从听了，说："王子殿下真是高明。"

启示

给对方许下重利是驱使的一种良方。故事中的恩里克王子在驱使航海家的时候就是采用的这种方式，这样不但利用了他人的才能，而且为自己赢得了成功。

第05章 启迪人生的思想先贤

他们的思想或许我们不懂，但是他们的生活却和我们惊人地相似，他们会爱，会恨，有快乐也有痛苦。他们的一生也要面对各种诱惑和失败，也要面对挑战和压力。当我们为生活感到迷茫和痛苦的时候，不妨来看一看这些思想先贤和哲学家们，看看他们是如何走出生活的阴霾，如何克服困难和挫折，一步步走向成功的。或许，他们的成功是不可复制的，但是走向成功的精神却是可以模仿的。有了他们的指引，你前面的路或许会走得更为平坦。

圣哲——苏格拉底

苏格拉底（约公元前469—公元前399）古希腊著名哲学家，西方哲学史上第一个系统的唯心主义哲学家。他和他的学生柏拉图，以及柏拉图的学生亚里士多德人们被并称为“古希腊三贤”，更被后人广泛认为是西方哲学的奠基者。出生于雅典一个石匠家庭，据说他曾参与建造雅典卫城。苏格拉底积极参与雅典事务，曾在伯罗奔尼撒战争中参加重甲步兵抗击斯巴达人，颇有殊荣；他还参与管理雅典城邦，曾一度主持雅典公民大会。后来被判处死刑，他认为逃亡只会进一步破坏雅典法律的权威，就放弃了。

知识链接

——不经反省的人生是不值得活的！

——如果你听从我的意见，那么你不是在听从苏格拉底，而是更多地在听从真理。

——不论结不结婚，你都会后悔的。

——这个世界上有两种人，一种是快乐的“猪”，一种是痛苦的人。

——我唯一知道的，是我一无所知。

轶事

苏格拉底习惯在热闹的雅典集市发表演说和与人辩论。一天，苏格拉底像平常一样，来到市场上。他一把拉住一个行人说道：“对不起！我有一个问题弄不明白，向您请教。人人都说‘忠诚老实，不欺骗别人，才是有道德的’，但为什么和敌人作战时，我军将领却千方百计地去欺骗敌人呢？”

“欺骗敌人是符合道德的，但欺骗自己就不道德了。”那人回答说。

苏格拉底反驳道：“当我军被敌军包围时，为了鼓舞士气，将领就欺骗士兵说，我们的援军已经到了，大家奋力突围出去。结果突围果然成功了。这种欺骗也不道德吗？”

那人说：“那是战争中处于无奈才这样做的，日常生活中这样做是不道德的。”

苏格拉底又追问起来：“假如你的儿子生病了，又不肯吃药，作为父亲，你欺骗他说，这不是药，而是一种很好吃的东西，这也不道德吗？”

那人只好承认：“这种欺骗也是符合道德的。”

苏格拉底并不满足，又问道：“不骗不是道德的，骗人也可以说是道德的。那就是说，道德不能用骗不骗人来说明。究竟用什么来说明它呢？还是请你告诉我吧！”

那人想了想，说：“不知道道德就不能做到道德，知道了道德才能做到道德。”

苏格拉底这才满意地笑起来，拉着那个人的手说：“您真是一个伟大的哲学家，您告诉了我关于道德的知识，使我弄明白一个长期困惑不解的问题，我向您表示衷心地感谢！”

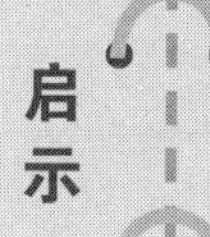

世界上没有绝对对错的事情，环境改变，或许对错就会互相转化。故事中的苏格拉底就是用各种情况向别人说明了这一点。因而，在生活中，学会变通显得尤其重要。

哲学之父——柏拉图

柏拉图（前427—前347），本名阿里斯托克勒，“柏拉图”是他的绰号，意为“大块头”。古希腊唯心主义哲学家，也是全部西方哲学乃至整个西方文化最伟大的哲学家和思想家之一。柏拉图少年时代就勤奋好学，多才多艺。20岁时师从于苏格拉底，并成为其忠实的信徒。苏格拉底死后，柏拉图离开雅典。他先躲避到麦加拉，后来可能游历过埃及和居勒尼。他考察各地的政治、法律、宗教等制度，研究数学、天文、力学、音乐等理论和各种哲学学派的学说。公元前387年，柏拉图返回雅典，在那里创办了西方第一所哲学学院——柏拉图学院。有《申辩篇》《理想国》《克里多篇》《斐多篇》等多篇对话体著作。

知识链接

——惊奇是哲学家的感觉，哲学开始于惊奇。

——理想的东西不一定都能够实现，纵然未能实现，总不该因此而否认它

是美好的东西吧！

——群众永远生活在无知的洞穴之中。

——生活若剥去理想、梦想、幻想，那生命便只是一堆空架子。

——获致幸福的不二法门是珍视你所拥有的、遗忘你所没有的。

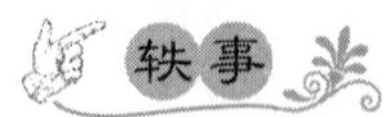

柏拉图对爱情和婚姻很迷惑，因而前去拜访他的老师苏格拉底，希望他能解开自己内心的困惑。

柏拉图向他的老师苏格拉底请教："什么是爱情？"

苏格拉底什么也没说，只是把他带到一片麦田前面说："你一直向前走，走到麦田的尽头，然后摘一支最大的麦穗回来，但是绝对不能折回头。"

很快，柏拉图走完了麦田，回到了苏格拉底的身边，但他什么也没有带回来。

苏格拉底问道："你怎么空着手回来了呢？"

柏拉图说："一路上有很多又大又黄的麦穗，但我又担心前面有更好的，走到尽头才知道好的已经错过了。"

苏格拉底微笑着说："这就是爱情。"

柏拉图接着又问老师："那什么是婚姻呢？"

苏格拉底依旧什么也没说，将柏拉图带到一片树林前，说："你一直向前走，走到树林的尽头，不能折回头，要砍一棵最大最粗的树回来。"

没过多久，柏拉图再次回到了苏格拉底的身边，他手里拖来了一棵很一般的树（至少不是树林里最大的树）。

苏格拉底问道："你的树很一般，为什么没有挑到那棵最粗最大的树呢？"

柏拉图皱着眉头说："一路上我错过了很多很好的树，这一棵树是普通了一点，但我怕前面的更差。"

苏格拉底笑着说："这就是婚姻。"

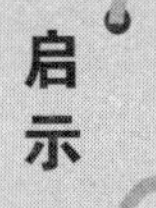

启示

生活中没有十全十美的事情。不管你做怎样的选择，都会后悔。事实上这是再正常不过的事情了。苏格拉就是通过让学生捡麦穗向他说明了这个道理。

博学大师——亚里士多德

亚里士多德（公元前384—公元前322），古希腊哲学家、科学家，是古希腊科学文化知识的集大成者，是古希腊杰出的百科全书式的著名哲学家。335年，他在雅典办了一所叫吕克昂的学校，被称为逍遥学派。马克思曾称亚里士多德是古希腊哲学家中最博学的人物。他总结了泰勒斯以来古希腊哲学发展的结果，首次将哲学和其他学科区别开来，开创了逻辑学、伦理学、政治学和生物学等学科的独立研究。后来建立起包括“实体说”“四因说”“潜能现实说”的哲学体系。代表作有《论灵魂》《物理学》《形而上学》《政治学》等。

知识链接

——吾爱吾师，吾更爱真理。

——人们活着是为了吃饭，而我吃饭是为了活着。

——放纵自己的欲望是最大的祸害；谈论别人的隐私是最大的罪恶；不知自己过失是最大的病痛。

——给我一个支点，我就能撬动地球。

——人生的最终目的在于觉醒和思考能力，而不在生存。

轶事

这天，亚里士多德一个人在海边散步。走着走着，忽然看到前面不远处有个人正在用勺子从海里舀水，然后把舀来的水倒进旁边一个他挖的小洞里。此时，亚里士多德正在专心致志地思考问题，因而并没有多加留意。可是他在那个人身边来回走了好几次，对方始终没有发现，而是专心致志地舀水。这让亚里士多德非常好奇。

他想：这个人到底在做什么呢？为什么这么专注呢？后来，他的好奇心越来越强，以至于影响了他的思考。他只好停下来问道：“非常地抱歉，我并不是想要打扰你，只是我内心非常好奇，你究竟在做什么呢？”

那人头也没抬，目不转睛地盯着小洞，说道：“我用整个大海来填充这个洞。”

亚里士多德听后，忍不住哈哈大笑起来。他说：“你真是太笨了，你要知道这是绝对不可能的事情。你简直就是个疯子，你难道不知道你在浪费自己的生命吗？你只要看看这片大海有多大，再看看你挖的那个洞有多小，就该知道

你在做多么愚蠢的一件事情啊。而且还是用一个勺子，你真的想把大海的水都填进这个洞去吗？真是太荒谬了。我劝你赶紧回家去休息吧。”

谁知道，听了亚里士多德的话后，那个人笑得更欢。他说：“是的，我肯定会走的，而且现在就要离开，因为我的工作已经做完了。”

亚里士多德好奇地问：“你这话什么意思？难道你已经用整个大海填满了那个小洞吗？”

那人笑着说：“你觉得我的行为很傻，那么，你呢？难道你的行为就不傻了吗？看看你的头颅，要比我这个洞小得多。再看看自然界，看看这个世界，它们比这个海洋大多了。你所谓的‘思考’，难道比我的勺子还要大吗？”说完，这个人大笑着离开了。

亚里士多德顿时愣住了。

启示

很多看似荒谬的事情事实上存在着很深的哲理。如同亚里士多德觉得有人用大海的水填洞一样滑稽可笑，而事实上真正无知的是他。

实证大师——培根

弗朗西斯·培根（1561—1626），英国文艺复兴时期最重要的作家、哲学家。近代唯物主义经验论的开创者，近代归纳法的奠基人，被马克思称为“英国唯物主义和整个现代实验科学的真正始祖”。晚年脱离政治活动，专门从事科学和哲学研究。他是一位理性主义者而不是迷信的崇拜者，是一位经验论者而不是诡辩学者。培根在哲学上研究的主要内容是认识论，在唯物主义基础上，他创立了经验论，提出了经验论的基本原则和方法，对科学研究的发展产生了很大的影响。代表作是《论说文集》。

知识链接

——知识就是力量。

——要命令自然，就要服从自然。

——读史使人明智，读诗使人灵秀，演算使人精密，哲理使人深刻，伦理学使人庄重，逻辑修辞使人善辩：凡有所学，皆成性格。

——真理是时间的产物，而不是权威的产物。

——毫无理想而又优柔寡断是一种可悲的心理。

——灰心生失望，失望生动摇，动摇生失败。

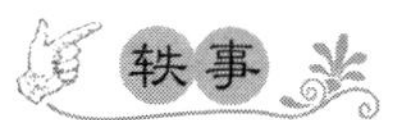

轶事

对于英国的著名学者培根来说，他曾经一度非常懊恼。因为他看到很多人因为视力不好，看不清树上的字，因而就想发明一种能提高视力的工具。为此，他想了很多的办法，做了很多的实验，可是都以失败告终。

有一天，下起了瓢泼大雨，培根把自己关在屋子里，因为他又有了一个新想法，并加以实验。可是，实验再次失败了。他的想法自然被否定了。此时，他的心情可想而知有多么坏了。也就在这个时候，外面的雨渐渐小了，培根打开门，来到花园散步。

忽然，他眼前一亮。原来在花园里的花枝上结了不少蜘蛛网，因为下雨蜘蛛网上沾了不少雨滴，透过雨珠看树叶，叶脉顿时被放大了不少，连树枝上细细的毛都能看到。看到这个现象，培根非常高兴。他顾不得呼吸新鲜的空气，迅速跑回了实验室里。

培根翻箱倒柜，找到了一颗玻璃球，他试着透过玻璃球看书上的文字，但是文字依旧模糊不清。这到底是怎么一回事呢？培根又想了想刚才蜘蛛网的情形，于是找来了一块金刚石与锤子，将玻璃割出一块。然后拿着这块玻璃片放到了书本上面，书本上的文字果然放大了很多。

实验终于成功了，培根欣喜若狂。后来，为了方便使用，他又找来了一块木板，在木板上挖出一个圆洞，将玻璃片装了上去，然后又安了一个把柄，便于手拿。这样，人们阅读写字就方便多了。

这种镜片经过不断地改进，最后成了现在人们所戴的眼镜。有了这种眼镜，人们的学习和工作就更加方便了，培根为人类的文明进步做出了巨大的贡献。

启示

伟大常常蕴藏在平凡当中。很多科学发明往往就是在不经意的一瞬间产生的。故事中的培根就是在一瞬间发现了镜片。可见，留意身边的细微小事就是对生活负责。

启蒙思想家——卢梭

卢梭（1712—1778），法国伟大的启蒙思想家、哲学家、教育家、文学家，18世纪法国大革命的思想先驱，启蒙运动最卓越的代表人物之一。社会观上，卢梭坚持社会契约论，主张建立资产阶级的“理性王国”；主张自由平等，反对私有制及其压迫；提出“天赋人权”，认为应当通过暴力推翻封建专制，然后以自由协议、缔结契约的方式形成法律，以维护人们的生命、自由、财产安全。这就是他著名的“社会契约论”。主要著作有《论人类不平等的起源和基础》《社会契约论》《爱弥儿》《忏悔录》《新爱洛漪丝》《植物学通信》等。

知识链接

——人是生而自由的，但却无往而不在枷锁之中。自以为是其他一切的主人，反而比其他一切更是奴隶。

——人类天性为善，爱好正义与秩序。

——伟大的人是绝不会滥用他们的优点的，他们看出他们超过别人的地方，并且意识到这一点，然而绝不会因此就不谦虚。他们的过人之处越多，他们越认识到他们的不足。

轶事

这一年，卢梭刚满16岁，在日内瓦居住和生活。这天晚上，由于在朋友家里逗留的时间长了，误了回家的点。结果，等他匆匆忙忙赶来的时候，城门早已经关了。“这可怎么办呢？”卢梭心里非常地矛盾。

因为这对他来说并不是第一次了。前两次他和朋友出去游玩，结果回来得晚了。他的师父，一个比他年长七岁的男人对他的要求非常严格，严厉地惩罚了他，并且警告他，如果再犯一次，不但要接受严厉的体罚，还要被驱逐。

后来，卢梭终于做了决定。他说：“与其回去被驱逐，不如我自己离开吧，这样还免受一顿皮肉之苦呢。”随后，他大步流星地离开了日内瓦城门边上，远走高飞了。

走了一段路程，他忽然想起了和他从小一起玩到大的一个表弟，两人关系非常亲密，他觉得自己这一次离开还不知道有没有机会再见了，应该给他道个别。于是他找了个地方过了一夜，第二天，他托人给表弟带了口信，让表弟来城门外见他最后一面。很快，表弟来到了城门外，两人见面后，非常亲热。可

是很快，他们之间就没什么话可聊了。因为卢梭发现表弟已经是有钱有势的贵族阔少爷，而自己则是一个寒酸的穷学徒。

两人说了几句话后，卢梭便离开了表弟，去别处谋生了。卢梭开始独自游历四方，登上了新的生活舞台。从那以后，他们再也没有见过面。也正是因为这次见面，让卢梭感受到了人出生的平等必须要让位给社会的不平等。这也为他后期著名的“社会契约论”思想的产生奠定基础。

启示

情感的维系是需要花时间去经营的，否则，再好的感情也会随着时间变淡。故事中的卢梭和表弟尽管之前感情很好，但是长时间不联系，彼此有了各不相同的生活，无话可说也就不足为怪了。

哲学奠基人——康德

伊曼努尔·康德（1724—1804），德国哲学家、自然科学家，古典哲学的创始人，唯心论的奠基者。他被认为是对现代欧洲最具影响力的思想家之一，也是启蒙运动最后一位主要哲学家。其一生深居简出，终身未娶，过着单调刻板的学者生活，一生从未踏出过出生地半步。康德建立起独特的批判哲学体系，其中包括以先验论、二元论和不可知论为基本特征的认识论，以及在此基础上的伦理学、美学知识等。著作有《纯粹理性批判》《未来形而上学导论》《道德形而上学探本》《实践理性批判》《判断力批判》《纯粹理性界限以内的宗教》和《道德形而上学》。

知识链接

——给我物质，我就用它造出一个宇宙来。

——正是因为认识到自身的局限，哲学才会存在。

——如果没有感性，则对象不会给予；如果没有知性，则对象不能思考。没有内容的思想是空洞的；没有概念的直观是盲目的。

——有两样东西，我们越是经常和持久地加以思索，它们就越会使心灵充满日新月异、有增无减的景仰和敬畏：头顶的灿烂星空和心中的道德律。

当时，德国古典哲学家费希特还在上大学，但是他对闻名全欧洲的哲学教授康德慕名已久。这天，他来到了哥尼斯堡去拜访康德。康德得知有个叫做费希特的年轻人想要见他时，不假思索地拒绝了。因为在他的生活中，时常有慕名者前来拜访，这给他带来了不少的麻烦。

虽然费希特被康德拒绝了，但是他并没有放弃。为了能得到名师的指点，他发奋工作了整整一个多月，写了一篇论文，寄给了康德，并附上了自己的一份简练的介绍信。在信中，他这样写道：

“我来到哥尼斯堡来，为的是更真实地认识一位全欧洲尊敬的人，然而，整个欧洲社会，能像我这么崇拜您的人少之又少。我已经向您做了自我介绍，但是为什么还是会拒绝呢？后来我终于想明白了。拜访您这么一位有名望的人，不出示任何证明我身份的材料是非常不礼貌的。我觉得自己应该有一封介绍信，但是，我只承认自己为自己写的介绍信。现在，我就把它附上吧。”

读了这封信之后，康德非常受感动。他的态度发生了很大的转变，他不再拒绝费希特，而是热情地接待了他。两人促膝而谈了整整好几个小时，费希特困惑的哲学问题一一得到了解答。也正是因为这次拜访，让两人结成了深厚的友谊。

究竟是什么让康德的态度发生转变，而热情接待费希特这个毫无名气的小青年呢？那就是费希特的自信。提出要求遭到拒绝后仍不气馁，再次重申要求，这是自信的举动；“我只承认我自己为自己写的介绍信”，更是出口不凡，语意清新。

启示

坦诚往往能赢得别人的尊重，这远比才华更能赢得别人的心。故事中的费希特正是用一颗坦诚的心跟康德写了一封信，在信中表现出来绝对的自信。这促使康德改变主意，最终接待了费希特，并且成为了很好的朋友。

慈善工作者——特蕾莎修女

特蕾莎修女（1910—1997），又称德兰修女、特里莎修女、泰瑞莎修女，是世界著名的天主教慈善工作者，主要替印度加尔各答的穷人服务。因其一生

致力于解除贫困，而于1979年获得诺贝尔和平奖，为诺贝尔奖百余年历史上最受尊崇的3位获奖者之一。

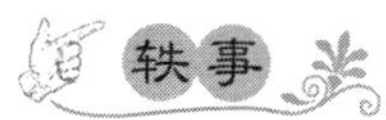

知识链接

——人们经常是不讲道理的、没有逻辑的和以自我为中心的，不管怎样，你要原谅他们。

——人们的确需要帮助，但当你真的帮助他们的时候，他们反而可能会攻击你。

——如果你找到了平静和幸福，他们可能会嫉妒你，不管怎样，你还是要快乐。

轶事

一天，特蕾莎要去巴丹医院，在靠近车站的广场旁，她意外地发现了一位老妇人倒在路上，像死了一样。特蕾莎急忙蹲下来查看：一块破布裹着脚，上面爬满了蚂蚁；头上有个洞，似乎是被老鼠咬伤的，上面还留着血迹；伤口旁边是苍蝇和蛆虫。她赶紧给老妇人测呼吸及脉搏，似乎还有一丝气息。

特蕾莎迅速进行了简单的清理，就在她转身要离开的时候，忽然意识到：如果把老人丢在那里，必死无疑。于是她取消了去巴丹医院的计划，迅速将老人送到附近的医院。起初，医院对这个没有任何家属的老妇人不予救治，后来在特蕾莎的再三请求下，才进行了抢救。随后，医生对特蕾莎说："命算是保住了，可是她表现得非常虚弱，必须住院治疗，等脱离了危险期后，还需要找个地方让她好好静养。"

特蕾莎说："放心吧，我一定安排妥当。"

随后，她立即来到了市公所保健科，希望他们能提供一个病人疗养的场所。市公所保健科的科长非常热心，他亲自带着特蕾莎来到加尔各答一座有名的卡里寺院，亲口承诺将寺庙后面信徒朝拜后的一处地方免费提供给她使用。可是，很快，他们就遭到了印度教区婆罗门的强烈反对，而特蕾莎顶着压力，依然抢救许多生命垂危的病患到收容所，其中也包括印度教的僧侣，此举感动了许多的印度人。

在短短不到一天的时间里，特蕾莎就已经安置了三十多个无家可归而又濒临死亡的人。其中有一个老人，在搬来的当天晚上就死了。临死前，他拉着特蕾莎的手，低声说："我一生活得像条狗，而我现在死得像个人，谢谢了。"

启示

当一个人为他人的痛苦而伤心的时候，他的生命价值就会被无穷放大。故事中的特蕾莎修女为了帮助生活在生死线上的人，她的生命因此而得到了无限的延伸。她的故事证明了这样一个事实：活着，是为了让别人活得更幸福。

他们促使了人们文明的进步。如果没有他们的付出，或许人类还在无知和黑暗中摸索。他们的名字极其平凡，平凡得有些甚至被遗忘，但是他们的科学研究却影响着一代代人。那么，在他们的光鲜亮丽下，是否也有几乎被忽略的快乐和悲伤呢？在这一章，我们一起去了解这些名留史册的科学巨匠平凡的生活，了解他们在科学研究的路上所遭遇的挫折和失败，了解他们是如何走向成功的。

科学之王——阿基米德

阿基米德（公元前287—公元前212）伟大的古希腊哲学家、数学家、物理学家、力学家，静态力学和流体静力学的奠基人。他从小就善于思考，喜欢辩论。早年游历过古埃及，曾在亚历山大城学习。他在物理学方面，发展了流体动力学和静力学，发明了阿基米德原理。他对物理学的影响如此之深远，以至于后世称他为“物理之神”；而对于数学的贡献使他成为了有史以来最伟大的三位数学家之首；他制作出天象仪，可精确显示日月星辰等的运行。他被认为是古代领头的科学家和最伟大的数学家。

知识链接

——给我一个支点，我能撬动整个地球。

——即使对于君主，研究学问的道路也是没有捷径的。

——如果理智的分析都无法支持自己做决定的时候，就交给心去做主吧。

——人生最大的烦恼，不是选择，而是不知道自己想得到什么，不知道到了生命的终点，自己想有些什么人在身边。

轶事

在希腊，有一位举世闻名的科学家，那就是阿基米德。

这天，国王命令工匠做的一顶纯金的王冠完工了，当王冠被送到国王的手里后，国王非常高兴，重赏了工匠。可是他并没有得到大臣们的恭喜和赞赏。相反，一些大臣在窃窃私语：到底这顶王冠是不是纯金的呢？

很快，大臣们的议论传到了国王的耳朵里，国王开始起疑，于是他把阿基米德召进了王宫，命令他秘密调查。

“到底如何才能验证这顶王冠是否是纯金的呢？”阿基米德接到这个任务之后，每天都在思考这个问题。可是一时之间也没有办法，眼看着离国王限定的时间越来越近了，阿基米德分外着急。

这天，他带着孩子去洗澡。当他坐在澡盆里之后，忽然觉得轻飘飘的，整

个身子像浮起来似的，澡盆里的水哗啦啦地流了出来。

阿基米德大声说："水多了！"说着从澡盆里跳了出来。水很快落了下去。

阿基米德拉过孩子，让他进到澡盆里，水却没有流出来。

"我知道如何鉴定王冠了！""我找到办法了！"阿基米德顾不得穿衣服，兴冲冲地跑向了王宫。

来到王宫后，阿基米德给国王做了一个实验：他找来了和王冠一样重的金块，然后找来了一样大小的盆子，然后把金块和王冠同时放进了两个装水的盆子里，结果放金块的盆子里的水溢了出来，而放王冠的盆了里的水却没有溢出来。

阿基米德对国王说："如果王冠是纯金的，那么水盆里的水一定也会溢出来，实验证明并非如此，那么很显然，这顶王冠并不是纯金的，因为它的重量比金块要轻。"

国王明白了，立即命人抓来了工匠，严加审问。最终，在科学实验面前，工匠不得不承认，他所造的这顶工冠并非纯金所制，而是用黄铜代替的。

启示

在生活中要勤于思考，或许你费尽周折无法解决的难题，因为瞬间的灵感就能得到答案，所以遇到难题不要放弃，也不要一味苦钻牛角尖。故事中的阿基米德在洗澡的时候发现了浮力的问题，从而成功地想到辨别王冠真假的办法。生活是灵感最大的发源地，仔细观察生活，说不定你就会成为另外一个阿基米德。

数学大师——欧几里得

欧几里得（公元前325—公元前265），古希腊数学家，被称为"几何之父"。他最著名的著作《几何原本》是世界上最早公理化的数学著作，提出五大公设，被广泛地认为是历史上最成功的教科书。曾受业于柏拉图学园，后应埃及托勒密国王邀请，从雅典移居亚历山大，从事数学教学和研究工作。欧几里得也写了一些关于透视、圆锥曲线、球面几何学及数论的作品。

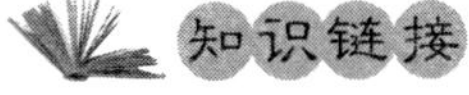

——在几何里，没有专为国王铺设的大道。

——你想在学习中获取实利吗？那么拿去这3个钱币吧。

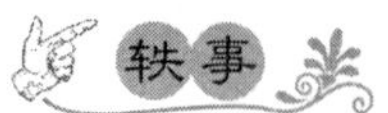

轶事

欧几里得是希腊亚历山大大学的数学教授。在他的积极推动下，学习数学成为人们生活中的一种时髦行为，会数学在当时是一件很有面子的事情。甚至在人们日常的交谈中，如果不懂数学是极其丢人的事情。

这天，欧几里得正在给学生们上数学课，忽然，有人在敲门，欧几里得打开门一看，是两个王宫的侍卫，他诧异地问道："请问有什么事情吗？"

侍卫说："你是伟大的数学家欧几里得吗？"

欧几里得回答说："是的。"

"那么，请你跟我们进宫吧，国王想要召见你。"其中一个侍卫说道。

欧几里得为难地说："可是我现在正在给我的学生们上课，如果我跟你们进宫的话，就不得不中断了。"

"那么，就终止你的课堂吧，国王命令你现在立刻跟我们进宫。"

无奈，欧几里得只好跟着两个侍卫来到了王宫。

国王对欧几里得说："现在老百姓都在赶时髦学习数学，我觉得我也很有必要学习数学，否则就要被百姓们耻笑了。"

欧几里得说："难得国王有这个雅兴，我愿意尽自己的绵薄之力。"

很快，国王在欧几里得的帮助下，背诵各种定理公式，独立思考和探索，甚至还要动手去验证，总结和归纳。常常为证明一个命题而伤脑筋，为完成一个数学题而彻夜不眠。他所耗费的精力比治理国家要多几倍。

几天下来，国王觉得学习数学实在太枯燥了，于是对欧几里得说："我没有想到学习数学会这么艰难，我是国王，你有没有简便的途径能让我迅速在数学领域有所成就呢？"

欧几里得一本正经地说："伟大的陛下，非常抱歉，学习数学和学习任何一门科学是一样的，是没有什么捷径可走的。学习数学，每个人都得独立思考，就像种庄稼一样，不耕种是不会有收获的。在这一方面，国王和老百姓是没有任何的区别的。"

听到欧几里得的话后，国王打消了走捷径的想法。可是学习数学实在太累了。没过多久，国王便放弃了学习数学，不再追赶时髦了。

启示

在科学面前，任何人都是一样的，要想有所作为，就得付出艰辛的努力。欧几里得的话说的就是这个意思。要想成功就得努力。

科学巨匠——牛顿

艾萨克·牛顿（1643—1727），英国物理学家、数学家、天文学家。他的巨作《自然哲学的数学原理》，开辟了大科学时代。他由于发现了万有引力定律创立了天文学，由于提出了二项式定理和无限理论创立了数学，由于认识了力的本性创立了力学。牛顿是历史上最伟大、最有影响的科学家，被誉为“物理学之父”，他被公认为是人类历史上最伟大，最有影响力的科学家之一。在一场“谁是科学史上最有影响力的人”的民意调查，牛顿被认为比爱因斯坦更具影响力。著有《自然哲学的数学原理》《光学》《二项式定理》和《微积分》。

知识链接

——你若想获得知识，你该下苦功；你若想获得食物，你该下苦功；你若想得到快乐，你也该下苦功，因为辛苦是获得一切的定律。

——我并无特别过人的智慧，有的只是坚持不懈的思索精力而已。

——我不知道这个世界将来怎么看我，对我而言，我只像海滩边玩耍的男孩，偶然间发现了一粒比较圆的石头，和一粒比较漂亮的贝壳，就觉得很愉快，但是在我前面，尚未被发现的石头、贝壳仍然多如大海。

——无知识的热心，犹如在黑暗中远征。

轶事

伟大的科学家牛顿终身未娶，把自己的一生献给了科学事业。但是，牛顿也是人，也有七情六欲，他曾经有两次恋爱的经历，可惜都以失败而告终。

23岁那年，牛顿在剑桥大学求学，由于剑桥发生了瘟疫，学校放假，牛顿来到了舅舅家里。经过一段时间的朝夕相处，他爱上了美丽、聪明、好学、富有思想的表妹。而表妹对这位学识渊博的表哥也是一见钟情。他们常常一起散步，牛顿总是侃侃而谈，当然内容自然是他正在学习和研究的问题。表妹尽管听不懂，但是还是耐心地听着，她觉得这样非常有趣。当时，牛顿心想：“这样可爱的女子，如果能帮助我解决许多困难的，与我共同工作，那该多好啊！”

很快，假期结束了，牛顿回到了剑桥大学，全身心地投入到科学研究中去了，早已经忘记了远在他乡等待的美丽少女。表妹觉得牛顿对她冷淡，可能是不喜欢自己吧，于是便重新选择了自己的丈夫。就这样，牛顿的第一段爱情夭折了。

后来，牛顿压抑不住内心对女性的渴望，向一位年轻的姑娘求了婚。姑娘也很喜欢牛顿，答应要做牛顿的新娘。

一天，他和姑娘约会，他轻轻地握着她的手，含情脉脉地看着这位美人，想要抒发内心的喜欢。可是，就在这个关键时候，牛顿的脑子里忽然冒出了一个科学研究的新想法，他就像做梦似的，下意识地抓住姑娘的一个手指，把它当成是通烟斗的通条，硬往烟斗里塞。

姑娘疼得大声喊叫，牛顿才清醒过来。面对姑娘的愤怒，牛顿连忙柔声细语地道歉说：“啊，亲爱的，请饶恕我吧。我真的不是故意这样对你的。”

姑娘生气地说：“你这个疯，鬼才愿意嫁给你呢！”说完，甩开牛顿的手跑开了。

牛顿站在原地，自言自语地说：“我知道，我是不行的，看来，我是该打一辈子的光棍了。”

启示

牛顿对科学的痴迷可以说是达到了走火入魔的地步，以至于在和女友约会的时候都在思考科学问题。虽然我们现在没有必要像牛顿一样狂热，但是至少要端正做事的态度。

科学伟人——爱因斯坦

阿尔伯特·爱因斯坦（1879—1955），美籍德裔犹太人，现代物理学的创始人、集大成者和奠基人，著名思想家和哲学家。他创立了代表现代科学的相对论，并为核能开发奠定了理论基础，在现代科学技术和他的深刻影响及广泛应用方面开创了现代科学新纪元，被公认为自伽利略、牛顿以来最伟大的科学家、物理学家。因为“对理论物理的贡献，特别是发现了光电效应”而获得1921年的诺贝尔物理学奖。被誉为“现代物理学之父”及二十世纪世界最重要的科学家之一。

知识链接

——从观察和理解中获得乐趣是大自然赐予的最美好的礼物。

——试着不去做一个成功的人，而去做一个有价值的人。

——如果你不能把它简单地解释出来，那说明你还没有很好地理解它。

——人只有献身于社会，才能找出那短暂而有风险的生命的意义。

——没有侥幸这回事，最偶然的意外，似乎也都是事有必然的。

轶事

在19世纪末的德国，一种以科学发明去探索未知世界的热潮正在兴起。各种科学发明迅速改变着人们的感官世界，各种技术上的新鲜玩意儿给新一代人带来无穷的趣味，并吸引着他们的兴趣，激起他们的求知欲。科学之光普照着大地，也照亮了小爱因斯坦成长的道路。

爱因斯坦上学前的一天，他生病了，本来沉静的孩子更像一只温顺的小猫，静静地蜷伏在家里，一动也不动。父亲拿来一个小罗盘给儿子解闷。爱因斯坦的小手捧着罗盘，只见罗盘中间那根针在轻轻地抖动，指着北边。他把盘子转过去，那根针并不听他的话，照旧指向北边。爱因斯坦又把罗盘捧在胸前，扭转身子，再猛扭过去，可那根针又回来了，还是指向北边。不管他怎样转动身子，那根细细的红色磁针就是顽强地指着北边。小爱因斯坦忘掉了身上的病痛，只剩下一脸的惊讶和困惑：是什么东西使它总是指向北边呢？这根针的四周什么也没有，是什么力量推着它指向北边呢？

爱因斯坦67岁时仍然为童年时的“罗盘经历”感慨万千。他在《自述》中说：“当我还是一个四五岁的小孩，在父亲给我看一个罗盘的时候，就经历过这种惊奇。这只指南针以如此确定的方式行动，根本不符合那些在无意识的概念世界中能找到位置的事物的本能（同直接‘接触’有关的作用）。我现在还记得，至少相信我还记得，这种经验给我一个深刻而持久的印象。我想一定有什么东西深深地隐藏在事情后面。凡是人从小就看到的事情，不会引起这种反应；他对于物体下落，对于风和雨，对于月亮或者对于月亮会不会掉下来，对于生物和非生物之间的区别等都不感到惊奇。”

后来，“场”的特性和空间问题是那样强劲地吸引着这位物理学家。在广义相对论中，爱因斯坦终于解决了这些儿童时代就萌发出来的困惑。不过在当时，它们还只是以质朴的本来面貌显现在他的眼前。

启示

小小的罗盘，里面那根按照一定规律行动的磁针，唤起了未来的科学巨匠爱因斯坦的好奇心——探索事物原委的好奇心。而这种神圣的好奇心，正是萌生科学的幼苗。对于任何人来说，兴趣的萌生和发展创造的成功，都是从一个小小的好奇心开始的，所以保持自己的好奇心，就是保持自己探索世界和感知世界的能力。

天文学奠基人——哥白尼

尼古拉·哥白尼（1473—1543），波兰天文学家，日心说的创立者，近代天文学的奠基人。哥白尼的著作《天体运行论》是现代天文学的起步点。它开启了哥白尼革命，并对推动科学革命作出了重要贡献。哥白尼的“日心说”沉重地打击了教会的宇宙观，这是唯物主义和唯心主义斗争的伟大胜利。哥白尼是欧洲文艺复兴时期的一位巨人。不仅如此，同时他也是一名医生，通晓多国语言，了解经典文学，能够胜任翻译，做过执政官、外交官，也是一名经济学家。

知识链接

——人的天职在勇于探索真理。

——青春应该是：一头醒智的狮，一团智慧的火！醒智的狮，为理性的美而吼；智慧的火，为理想的美而燃。

——在许多问题上我的说法跟前人大不相同，但是我的知识得归功于他们，也得归功于那些最先为这门学说开辟道路的人。

轶事

沃德卡尔是哥白尼最敬重的一位老师。这天，哥白尼遇到了不懂的问题，前去拜访沃德卡尔，希望能得到帮助。当他来到沃德卡尔的家时，敲了敲门，开门的是一位老仆人，老仆人得知哥白尼是来拜访沃德卡尔后，对他说：“先生刚刚出门，并且很快就会回来，如果有必要的话，你可以等他。”说着，领哥白尼进了沃德卡尔的书房。

哥白尼顺手从老师的书架上抽出了一本书，打开一看，在折了一角的地方写了一条批注：“圣诞节晚上，火星和土星排成一种特殊的角度，预示着匈牙利的皇上卡尔温有很大的灾难。”哥白尼觉得非常惊讶，认真地看了起来。

就在这时，沃德卡尔走了进来，他见哥白尼在看书，于是高兴地说：“孩子，你又在看什么书呢？”

听到老师的说话声，哥白尼抬头看了老师一眼，然后把书毕恭毕敬地递了过去，老师接过书看了一眼，问道：“能看懂吗？”

哥白尼一本正经地说：“老师，我看不懂。火星也好，土星也好，都是天上的星星，他们与卡尔温毫无关系，怎么能预示他的祸福呢？”

“怎么不能啊？”沃德卡尔反问道，“命星决定一切！”

哥白尼辩解道：“如果真是那样，那么人还有没有意志呢？如果有，人的意志和天上的星星又有什么关系？”

对于哥白尼的反问，沃德卡尔回答不上来。他知道，信不信天命是关系到天文学命运的重大问题。对于传统的偏见自己也有过怀疑，但是又说不出任何的道理来。他想了想说：“孩子，天命决定一切，这是几千年以来的一条老规矩，我不过是拾人牙慧罢了。至于你提的问题，我没有能力回答你，你如有毅力的话，以后研究吧！”

不久以后，老师的话变成了现实，哥白尼创立了“太阳中心说”的伟大理论，宣告了“天命论”的彻底灭亡。

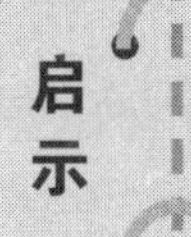

敢于向权威说不本身就是需要勇气的，尤其在哥白尼生活的那个年代里。他用自己的行动证明了权威的错误，这也许就是他的过人之处吧。

传奇科学家——富兰克林

本杰明·富兰克林（1706—1790），美国实业家、科学家、社会活动家、思想家、文学家和外交家，享有国际声誉的科学家。同时也是美国独立宣言主要起草人之一，美国开国元勋重要人物之一。他创造的许多专用名词如正电、负电、导电体、电池、充电、放电等成为世界通用的词汇。第一个科学地用正电，负电概念表示电荷性质，并提出了电荷不能创生、也不能消灭的思想，后人在此基础上发现了电荷守恒定律。

知识链接

——懒惰像生锈一样，比操劳更能消耗身体；经常用的钥匙，总是亮闪闪的。

——把自己的缺点告诉你的朋友是莫大的信任，把他的缺点告诉他是更大的信任。

——人与人之间的相互关系中对人生的幸福最重要的莫过于真实、诚意和廉洁。

——失足可以很快弥补，失言却可能永远无法补救。

——切勿坐耗时光，须知每刻都有无穷的利息；日计不足，岁计有余。

轶事

富兰克林非常善于处理人际关系，他的身边总是有很多的朋友，一些即便不喜欢他的人，经过一段阶段的相处之后也会慢慢成了他的朋友。

一次，富兰克林和一个读书会的朋友因为政见不同发生了争执，从那以后，那人在会议室里见了富兰克林总是爱答不理。为了改善关系，富兰克林想到了一个很好的办法，而且取得了一定的效果。

经过多方打听，富兰克林得知那人的图书馆里藏有一本很奇特的书，于是立即写了一封信。在信上，富兰克林表示非常渴望想要拜读那本书，并且诚恳地请求对方能满足他的这个愿望，把那本书借给他阅读几天。很快，那人收到了富兰克林的书信，并且立即派人将那本书送了过来。

一个礼拜之后，富兰克林把那本书还了回去，并且又附带了一封信，在信中表达了对对方真诚的感谢。事情过去不长时间，当他们再次在会议室里见面后，那人主动跟富兰克林打招呼，而且非常热情地握着他的手，言语之中蕴含着欣喜。

从那以后，只要是富兰克林的事情，那人都会热情地帮助。久而久之，两人成了非常要好的朋友，而且这份友谊一直持续下来，直到那人去世。

事实上，当时富兰克林根本没有兴趣阅读那本书，之后所表达的感激之情也并非出自真心，但是他却通过这件事情，很好地满足了那人的虚荣心，从而化解了彼此之间的成见，多了一个朋友，少了一个敌人。

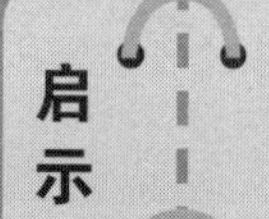

启示

处理人际关系不仅是一个人能力的体现，还是一种生存的智慧。富兰克林很好地处理了和不喜欢他的人的关系，让生活中多了一个朋友，少了一个敌人。

科学革命的先驱——伽利略

伽利略·伽利莱（1564—1642），意大利物理学家、数学家、天文学家及哲学家，他在科学上为人类作出过巨大贡献，是近代实验科学的奠基者之一，被誉为“近代力学之父”“现代科学之父”和“现代科学家的第一人”。伽利略通过实验证明，感受到引力的物体并不是呈匀速运动，而是呈加速度运动；物体只要不受到外力的作用，就会保持其原来的静止状态或匀速运动状态不变。他又发表惯性原理表明，未感受到外力作用的物体会保持其原来的静止状态或匀速运动状态不变。

知识链接

——真理就具备这样的力量，你越是想要攻击它，你的攻击就愈加充实和证明了它。

——教育是艰险的工作，我们只能从旁协助，使教育的对象能自悟而已。

——生命有如铁砧，越被敲打，越能发出火花。

——科学的唯一目的是减轻人类生存的苦难，科学家应为大多数人着想。

轶事

伽利略年轻时立志在科学研究方面有所成就，因此他希望得到父亲的支持和帮助。

一天，他对父亲说：“父亲，我想问你一件事，是什么促成了您同母亲的婚事？”

父亲说：“因为你的母亲十分吸引我。”

伽利略又问：“那您有没有娶过别的女人？”

父亲说：“没有，孩子。家人曾经要我娶一位富有的女士，可是我只对你母亲钟情，况且她当时可是一位风姿绰约、令人倾慕不已的姑娘。”

伽利略说：“您说得一点儿也没错，她现在依然风韵犹存。而您不曾娶过别的女人，因为您爱的是她，可是您知道吗？我现在也面临同样的处境！除了科学以外，我不可能选择别的职业，因为我喜爱的正是科学！其他事物对我而言，都毫无用途与吸引力！难道我要去追求财富或是荣誉？科学是我唯一的需要，我对它的爱，就如同对一位美貌女子的倾慕。”

父亲说：“像倾慕女子那样？你怎么会这样说呢？”

伽利略说：“一点儿也没错！亲爱的父亲，我已经18岁了！别的学生，哪怕是最穷的学生都会想到自己的婚事。可是，我却从没想过。因为别人都想寻求一位标致的姑娘当终身伴侣，我却只愿与科学为伴。”

父亲不说话了，只是静静地听。

伽利略继续说：“亲爱的父亲，您有才干但没有力量，可是我却能兼而有之。为什么您不能帮助我达成自己的愿望呢？我一定会成为一位杰出的学者，并能获得教授身份。如此，我便能以此为生，而且比别人生活得更好。”

父亲为难地说：“可是我没有钱供你上学。”

伽利略激动地说：“父亲，您听我说，很多穷学生都能领取奖学金，这些钱是公爵宫廷给的，所以我为什么不能去领一份奖学金呢？您在佛罗伦斯有许多朋友，交情也都不错，他们一定会尽力帮助您的。也许您能到宫廷去处理这件事，我们只需要请他们去问问公爵的老师奥斯蒂罗利希就行了，他了解我，知道我的能力！”

父亲被说动了：“嗯，你说得有理，这是个好主意。”

伽利略抓住父亲的手，开心地说：“父亲，求您尽力而为。我向您表示感激之情的唯一方式，就是保证自己成为一个伟大的科学家！”

启示　对于自己选择的事业要有绝对的信心，要说服身边的亲人来支持，有了他们的支持，会事半功倍。

第07章 享誉世界的发明家

有了他们，世界为之而改变。或许他们的灵感只是一时的突发奇想，也有可能是生活所逼不得已而使出的绝招，但是他们的功绩却是光辉耀眼的。他们中间有学富五车的伟大学者，有目不识丁的文盲，甚至还有人生路上的迷茫者，但是却无一例外地有了惊人的发明和创造，或许他们的发明对个人生活影响不大，却影响了整个人类的发展。那么，现在跟我一起去走进他们的生活吧，看看他们生活中的逸闻趣事。你会发现，他们也有不为人知的小秘密。

发明大王——爱迪生

托马斯·阿尔瓦·爱迪生（1847—1931），举世闻名的美国电学家，科学家和发明家，被誉为“世界发明大王”。他拥有2000余项发明，被传媒授予“门洛帕克的奇才”称号，他是世界上第一个利用工业研究实验室来搞发明的发明家。他除了在留声机、电灯、电报、电影等方面的发明和贡献以外，在矿业、建筑业、化工等领域也有不少著名的创造。他是有史以来最伟大的发明家，迄今为止，世界上没有一个人能打破他创造的发明专利数这个世界纪录。1892年，爱迪生创立了通用电气公司。1908年，又创立一家由九个主要电影工作室组成的企业集团。

知识链接

——天才就是1%的天分加上99%的汗水，但那1%的天分是最重要的，甚至比那99%的汗水都更重要。

——每一个人都会开列出一张长长的清单，要求他的朋友应具备哪些美德与良好品格，但却很少有人愿照着自己的清单去培养自己的品德。

——失败也是我需要的，它和成功对我一样有价值。只有在我知道一切做不好的方法以后，我才知道做好一件工作的方法是什么。

——我始终不愿抛弃我的斗争的生活。我极端重视由斗争得来的经验，尤其是战胜困难后所得的愉快；一个人要先经过困难，然后踏进顺境，才觉得受用、舒服。

轶事

“浪费，最大的浪费莫过于浪费时间了。” 爱迪生常对助手说。“人生太短暂了，要多想办法，用极少的时间办更多的事情。”

一天，爱迪生和助手在实验室里做实验，他递给助手一个没上灯口的空玻璃灯泡，说：“你帮我量量这个灯泡的容量。”说完，头也没抬，继续进行着实验。

过了一段时间，他问道："请告诉我灯泡的容量是多少？"助手没有回答，爱迪生一抬头看到助手拿着软尺在测量灯泡的周长、斜度，并拿了测得的数字伏在桌上计算。爱迪生很不高兴地说："时间！时间！你怎么能这么浪费时间呢？"

说着，爱迪生拿起那只空灯泡，向里面斟满了水，递到了助手的手里，说："把里面的水立即倒进容器里，立刻告诉我它的容量。"

很快，助手准确地读出了数据。

过了好大一会儿，爱迪生的实验做完了。他说："这是多么简单容易的测量方法啊，它既准确，又节省时间，我就不明白了，你怎么就想不到呢。还去测量、计算，那不是白白浪费时间吗？"

助手红着脸低下了头。

爱迪生喃喃地说："人生太短暂了，太短暂了，要节省时间，多做事情啊！"

启示

很多事情，如果我们用固有的方法和角度去看，或许很难解决，但是，如果解放思想，转换角度，或许就会轻而易举。故事中的爱迪生就是很好的例子。

蒸汽机发明者——瓦特

詹姆斯·瓦特（1736—1819），英国著名的发明家，工业革命时的重要人物。他改良了蒸汽机、发明了气压表、汽动锤。后人为了纪念这位伟大的发明家，将功率的单位称为瓦特。瓦特并没有受过系统教育，他在工厂里学到许多机械制造知识，后来在一家钟表店当学徒。1763年，瓦特到格拉斯大学负责修理教学仪器，因而有机会和教授讨论理论和技术问题。1781年，瓦特制造了从两边推动活塞的双动蒸汽机。他也因对蒸汽机改进的重大贡献，被选为皇家学会会员。

知识链接

——最好是把真理比做燧石，它受到的敲打越厉害，发射出的光辉就越灿烂。

——一个人应该活泼而守纪律，天真而不幼稚，勇敢而不鲁莽，倔强而有

原则，热情而不冲动，乐观而不盲目。

——在科学上面没有平坦的大道，只有不畏劳苦沿着陡峭的山路攀登的人，才有希望达到光辉的顶点。

——科学绝不是一种自私自利的享受。有幸能够致力于科学研究的人，首先应该拿自己的学识为人类服务。

——自暴自弃，这是一条永远腐蚀和啃噬着心灵的毒蛇，它吸走心灵的新鲜血液，并在其中注入厌世和绝望的毒汁。

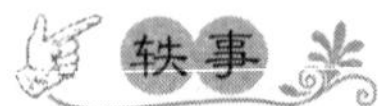

瓦特租了一个地窖，他收集了几台报废的蒸汽机，决心要造出一台新式机器来。从那以后，瓦特全身心投入到研制机器上，整整花了两年时间，总算弄出来一个机器。可是点火一试，那汽缸到处漏气，瓦特想尽办法，用毡子包，用油布裹，几个月过去了，还是解决不了这个问题。

这天，瓦特又趴到汽缸前观察漏气的原因，忽然一股热气冲出，他急忙闪躲，可是右肩上已是红肿一片，就像被一把热刀削过一样，瓦特疼得哇哇直叫。他抱怨道："我这到底在做什么呢？不但没有优良的蒸汽机，还被弄伤了，真是倒大霉了。"

瓦特的妻子听到他的叫声，走下地窖，当她得知瓦特受伤了之后，一边帮他处理一边说："有什么好抱怨的啊。当初信誓当当要造机器的是你，而今抱怨的也是你。"

瓦特没好气地说："受伤的不是你，你当然可以在这里说风凉话了。"

妻子笑着说："怎么了，这就气馁了？这可不是我的丈夫瓦特的作风啊。"

瓦特垂头丧气地说："说实话，我真的想放弃了。想要造蒸汽机真的太难了，我看我是不会成功的。"

妻子走过去，拉住瓦特的手说："你当然可以放弃了，不过，别人知道你因为受一点伤就放弃发明，是不是对你的形象有所损毁啊？"

瓦特想了想说："你说得对，我不能因为一次小小的挫折，就失去勇气！"

很快，瓦特将过去的资料重新翻阅一番，打起精神又干了起来，干累了就守着炉子烧一壶水喝茶。

一天，他一边喝茶，一边看着那一动一动的壶盖。他看看炉子上的壶又看看手中的杯子，突然灵感来了：茶水要凉，就得倒在杯里；蒸汽要冷，何不也把它从汽缸里"倒"出来呢？这样想着，瓦特立即设计了一个和汽缸分开的冷

凝器，这下热效率提高了三倍，用的煤只有原来的四分之一。这关键的地方一解决，瓦特顿时觉得前途程光明。

启示 挫折和失败在成长的路上在所难免。千万不要因为受到伤害而灰心绝望，或许你再坚持一次就会成功了呢？故事中的瓦特在失败中灰心了，好在妻子的鼓励使他重新燃起了希望。

炸药的发明者——诺贝尔

阿尔弗雷德·伯恩哈德·诺贝尔（1833—1896），瑞典化学家、工程师、发明家、军工装备制造商和硝酸甘油炸药的发明者。他曾拥有一家军工厂，主要生产军火；还曾拥有一座钢铁厂。在第二次世界大战中该公司多项产品曾授权多国生产，并受军队广泛好评。 诺贝尔一生拥有350项专利发明，其中炸药为最为出名的一项。在遗嘱中，他利用巨大财富创立了诺贝尔奖，各种诺贝尔奖项均以他的名字命名。人造元素锘就是以诺贝尔命名的。

知识链接

——生命，那是自然付给人类雕琢的宝石。

——人类从新发现中得到的好处总要比坏处多。

——我的理想是为人类过上更幸福的生活而发挥自己的作用。

——我更关心生者的肚皮，而不是以纪念碑的形式对死者的缅怀。

——我看不出我应得到任何荣誉，我对此也没有兴趣。

轶事

1876年秋，诺贝尔去奥地利旅行时，来到了一家花店里买花。卖花的女孩叫做索菲，她非常热情地和诺贝尔交谈，尽管她姿色平平，但是却很快俘虏了诺贝尔的心。他们交谈得非常开心。为了能和索菲多一些时间相处，诺贝尔特意在奥地利多待了一些时日。那一段日子是诺贝尔一生最幸福的时光。

随后，诺贝尔离开了奥地利，但是和索菲一直保持亲密的书信往来。一段时间之后，诺贝尔向索菲正式提出了求婚。可是索菲却犹豫不决，并没有给诺贝尔一个明确的答复。为了赢得索菲的心，以便尽快地嫁给自己，诺贝尔不惜重金为她在疗养地买了一幢漂亮的别墅，在巴黎富人区购置了一座华丽的公馆。

可是，诺贝尔的这些举措，并没有赢得索菲的心，反而让她得知诺贝尔非常富有，因而开始大肆挥霍。诺贝尔几次劝阻都无济于事，这让他非常失望。但是，诺贝尔是爱索菲的，他并没有因为索菲的无知而放弃对爱情婚姻的追求。

不久，诺贝尔接到了索菲的来信，他满心欢喜地打开，却被浇了一盆冷水。原来在信中，索菲告诉诺贝尔她怀上了一位匈牙利军官的孩子，并且打算要生下来。看到这个消息，诺贝尔彻底绝望了。但他并不恨索菲，而是写信去安慰和劝告她。

从那之后，诺贝尔做了一个痛苦的决定：再也不和索菲交往。但是，他的心里是爱索菲的，为了能让索菲晚年生活有所依靠，他通过一位律师为她提供30万匈牙利克朗的养老费，这在当时是很大的一笔钱。

诺贝尔逝世之后，律师根据遗嘱，给了索菲她应得的30万匈牙利克朗。可是索菲不知感激，反而贪得无厌地要求执行人给她比遗嘱规定还多的遗产，并且威胁说，如果不能满足她的要求，她就要将诺贝尔给她的216封信的原件出版权出卖掉。为了避免丑闻的出现，执行人只好有条件地买下了这些信件。

诺贝尔的情感受到欺骗，尽管他很失望，但是还是为索菲留下了一笔财富。由此告诉我们，爱情不是占有，而是祝福。

电话发明者——贝尔

亚历山大·贝尔（1847—1942），美国发明家和企业家。他获得了世界上第一台可用的电话机的专利权，创建了贝尔电话公司，被世界誉为“电话之父”。此外，他还制造了助听器，改进了爱迪生发明的留声机，并对聋人的可见语言研究作出了巨大的贡献。为了纪念贝尔的功绩，将电学和声学中计量功率或功率密度比值的一种单位命名为“贝尔”。

知识链接

——创新有时需要离开常走的大道，潜入森林，你就肯定会发现前所未见的东西。

——我知道命运掌握在我自己的手中，我知道巨大的成功马上就要到来。

轶事

在贝尔家附近有一座水磨坊，里面住着一对父子。儿子非常年轻，平日里起早贪黑地干活来维持生计。后来，儿子应征参了军，所有的苦活累活都堆到老人一个人的头上。老人年岁已高，根本没有力气干活。要是河里的水多，老人还能勉强支撑，如果遇到干旱，河里枯水，老人没办法磨粉，只好饿肚子。

贝尔看在眼里，急在心里。这天，他对小伙伴们说："我有一个很有趣的游戏，不知道大家愿不愿意玩？"

其中有一个小伙伴说："到底是什么游戏啊？"

"是啊，是什么游戏啊，好玩吗？"有人附和着问道。

贝尔故作神秘地说："推水磨磨粉的游戏，你们一定没有玩过吧，可好玩了，你们要不要去玩啊？"

"好啊，好啊！"小朋友们拍手欢呼着。

于是，贝尔带着小朋友来到了水磨坊，老人得知小朋友来帮助自己，非常高兴。于是，这一天，在小朋友们的帮助下，老人很快干完了磨粉的工作。

在接下来的几天里，贝尔带着小朋友帮助老人磨粉，这让老人省下了不少的力气，自然也有了饱饭吃。可是，好景不长，小朋友们渐渐失去了兴趣，纷纷地离去，最后只剩下贝尔一个人，自然拖不动水磨了。

回到家里，贝尔坐在书房里冥思苦想：怎样才能轻松地推动水磨呢？后来，他终于想到了一个办法，那就是改良臼齿，以减少摩擦力，再利用麦粒的圆形，使双方互相挨着，这样，臼齿的转动就灵活多了。

当他亲自给老人的水磨上加以改装之后，水磨的效率顿时提高了很多。老人再也不用发愁推不动了。村里的人知道后，纷纷效仿，大家都觉得改良过的石磨，真是便利好用。

就这样，只有十五岁的贝尔，成为了全村人眼中的"发明神童"。

启示

科学实验很多时候是需要有想象力的。尽管这些想象看起来似乎天马行空不切实际，但是有时候却能解决大问题。故事中的贝尔就是坐在屋里想象着，创造性地改良臼齿，改良了水磨。

飞机的发明者——莱特兄弟

莱特兄弟指的是奥维尔（1871—1948）和维尔伯（1867—1912）这两位美国发明家，同时也是飞机的发明者。他们从小就对机械装配和飞行怀有浓厚的兴趣，后来从事自行车修理和制造行业。兄弟俩聪明好学，热心于飞行研究。在基蒂霍克沙丘上空对载人滑翔机进行了几度寒暑的试验之后，他们的梦想终于变成了现实。他们在1903年制造出了第一架依靠自身动力进行载人飞行的飞机。

知识链接

——只有鹦鹉才喋喋不休，但它永远也飞不高。创造——这就是人类精神的最高表现，是欢乐和幸福的源泉。

轶事

1903年9月，莱特兄弟带着他们发明的飞机来到吉蒂霍克海边，准备试飞。可是，连续试飞了很多次，都以失败告终，不是螺旋桨出了故障，就是发动机有了毛病。这多少让莱特兄弟有些气馁，可是他们并没有放弃。

就在他们为失败苦恼的时候，无意中得知一位名叫兰莱的发明家，受美国政府的委托，制造了一架带有汽油发动机的飞机，结果在试飞时坠入了大海。他们急忙前去调查，并从中得到了很多宝贵的经验，随后，他们对自己制造的飞机做了严格的检查，并且明确了严格的操作规定。在这年年底，再次进行了试飞。

在谁试飞的问题上，兄弟两产生了分歧，最后只好用抛硬币的方法，决定了由维尔伯先飞。维尔伯上机后，伏卧在飞机正中，很快，发动机传出轰鸣声，螺旋桨也慢慢地转了起来。飞机在斜坡上刚滑行3米，就挣脱了结在后面的铁丝，呼啸着升到空中。

“成功了，我们成功了！”奥维尔兴奋地叫道。

话音刚落，飞机突然速度锐减，很快掉到了地上，整个飞行还不到4分钟。

奥维尔急忙迎了上去，这时候，维尔伯已从堕落的飞机里跳了出来，兄弟两人急忙检查飞机，好在飞机并没有损毁。

“问题究竟出在哪里呢？”他们仔细检查了飞机的每一个零件，都没有任何问题，操作也非常规范。

“我知道原因了。”忽然，奥维尔满面笑容地说道。

维尔伯急切地问道：“到底是怎么回事，快告诉我。”

“咱们是利用斜坡滑行的，距离只有3米飞机就起飞了。而这时螺旋桨的转动还没有达到高速，所以一会儿就栽了下来。”奥维尔一本正经地说。

维伯尔点点头说：“对啊。咱们不能利用斜坡滑行起飞，而要靠螺旋桨的力量飞上去。”

随后，他们重新做了调整，进行了试飞。

这一次，由奥维尔操作，只见他爬上飞机，伏卧在驾驶位上。一会儿，发动机开始轰鸣，螺旋桨也开始转动。很快，飞机滑动起来，一下子升到3米多高，随即向前飞去。

飞机飞行了30米后，稳稳地着陆了。维尔伯冲上前去，扑到弟弟的怀里，两人热泪盈眶地喊道：“我们成功了！我们成功了！”

启示

没有人会随随便便成功，科学实验更是如此。在经历了一次次的失败之后，离成功就会越来越近了。故事中的莱特兄弟就是通过一次次的失败最终走向了成功的。

无线电报发明者——马可尼

古列尔莫·马可尼（1874—1937），意大利电气工程师和发明家，无线电技术的发明者，收音机即无线电接收机的发明者，无线电报通信的创始人，专门从事无线电设备的研制和改进。1897年，在伦敦成立“马可尼无线电报公司”。1909年他与布劳恩一起获得诺贝尔物理学奖。

知识链接

——昨天的不可能，成为今天的可能；前个世纪的幻想，今天已成为真实摆在我们的眼前。令人惊讶的是人类努力的伟大。

——成功的秘诀，是要养成迅速行动的习惯。

轶事

马可尼20岁时，在杂志上读到了赫兹的实验和洛奇的报告，非常兴奋，拿着这份杂志兴冲冲地找到了父亲，说：“爸爸，快看，赫兹的实验成功了！”

爸爸接过杂志看了一眼，说：“是的，他成功了。”

马可尼说：“那么，爸爸，赫兹能在几米外测出电磁波，那么只要有足够

灵敏的检波器，也一定能在更远的地方测出电磁波。”

“你的想法很好，不过要把它变成现实似乎是不可能的事情。”爸爸用质疑的目光看着马可尼。

“所以，我需要你的支持啊。搞实验是需要经费的。”马可尼满怀信心地说。

爸爸摇了摇头说：“噢，亲爱的马可尼，你是要我给你资金援助，是吗？老实说，我并不缺这点钱，但是我觉得你是在瞎折腾。所以，无论如何我是不会给你钱的，除非你能证明你的想法是可行的。”

马可尼很不高兴地说：“爸爸，我一定要搞出个名堂给你看看。”

事情就这样过去了一段时间，一天晚上，爸爸刚一进门，就听到楼下铃声大作，他大声地问道：“马可尼，你在捣什么鬼呢？”

马可尼兴奋地跑下楼，说：“爸爸，我成功了！成功了！”说着，把自己试验成功的经过一五一十地告诉了爸爸。

看着马可尼兴奋的样子，爸爸笑着说：“看来，我是小瞧我的儿子马可尼了。好吧，爸爸答应你，即刻给你经济援助，让你专心搞实验。”

马可尼初战告捷后，信心增强了。

从那以后，马可尼大量收集资料和文章，不管这些文章的作者是有名气的还是无名气的，只要对他有用，有所启发的文章，他都耐心阅读，仔细分析。他把各家的缺点分析清楚，把各人的长处集合起来，改进自己的机器。

要想说服别人，光凭嘴是不够的，关键时候还需要你用实际的行动。故事中的马可尼就是用自己的实际行动向父亲证明了自己。

轮船的首创者——富尔顿

罗伯特·富尔顿（1765—1815），美国著名工程师，轮船发明家。他利用英国机器制成了世界上第一个蒸汽轮船“克莱蒙特”号，是世界上轮船的首创者，因而被誉为“轮船之父”。富尔顿发明的蒸汽轮船是第一次工业革命的重要发明之一，为世界人类航海事业的发展作出了卓越的贡献。

知识链接

富尔顿的一生，历尽艰辛挫折，终于试制成功了用蒸汽机推进的新型船舶，并先后建造了十七艘各种轮船。他在世界水运史上写下了重要的一页。那时，英国伯明翰城正在开始修筑运河。富尔顿为了提高工程技术，就到运河工地研究“河道”问题。在实践活动中，充分地发挥了他的聪明才智，发明了供升降运河船只的复斜板，卷绕缆绳的工具等。

轶事

富尔顿小的时候，家里很穷，父母没有钱送他去读书，每当他看到别的小朋友背着书包高高兴兴去学堂的时候，他心里总会莫名地哀伤。当他帮助大人干完农活之后，常常一个人坐在农家阁楼上，透过带有木格条的小窗户，向田野望去，看蔚蓝色的天空，苦思冥想，一坐好几个钟头。

为了能补贴家里，他跟随大人们一起四处打零工。这天，天气晴朗，小富尔顿和邻居大叔驾着小船去到河的上游找活干。一开始，他们撑着篙非常轻松，尽管是逆流而上，但是一点儿也不费力气。小富尔顿心情格外高兴，情不自禁地唱着美国乡村的民谣。

忽然，流水湍急，小船在河中打转，他们拼命地撑篙，但是船却行动得非常缓慢，汗水渐渐渗透了衣服。

小富尔顿心想：撑篙太费力了，假如有一种东西能让船自动行走，该多么好啊！想到这里，他说：“大叔，撑篙实在太累了，如果有一种东西，能让船自动航行，那该多好啊！”

邻居大叔笑着说：“富尔顿，你又开始幻想了吧。想要让船自动航行而不去撑篙，那是绝对不可能的事情。否则，我们也不可能在这里费这么大的劲了。”

小富尔顿辩解说：“正是因为没有这样一种东西，所以我们才会费这么大的劲在撑篙，我想我们有必要好好考虑一下这个问题呢。”

看着不服输的小富尔顿，邻居大叔说：“我啊，苦了一辈子了，也没有那个脑子去想了。可你不一样啊，你还年轻呢，大叔相信你一定会找到这样一种能让船自动航行的东西的。”

自此以后，“怎样使船自动行走”就成了小富尔顿苦思冥想的中心问题。致使他长大以后，努力奋斗，终于成为制造人类第一只蒸汽机轮船——“克莱蒙脱号”的著名科学家。

启示

每个人出身条件都不相同，但是这并不影响他们走向成功，只要勤学多问，多动脑筋，即便文盲也一样能有所作为。故事中的富尔顿就是很好的例子。

汽车之父——本茨

卡尔·弗里德利希·本茨（1844—1929），德国机械工程师和企业家，汽油机的发明者和改进者之一。现代汽车工业的先驱者之一，人称“汽车之父”。本茨在家乡卡尔斯鲁厄学习机械工程，离开学校后在一家锁厂工作。1885年，他设计和制造了世界上第一辆能实际应用的单气缸二冲程三轮汽车，于1886年本茨获得汽车制造的专利权，1893年制造出四轮汽车，1899年生产出第一辆赛车，1900年，本茨公司已售出装有三马力发动机的汽车达4000辆，成为欧洲最大的汽车制造公司。他的姓氏至今仍然是世界名牌汽车“奔驰”的名称。

知识链接

——与政府修好，是最大的公关。把握政策，是最大的效益。这是企业保证自己生存环境的必然。

——发明的过程比发明的结果美好千倍。

——我坚信：创造的热情将永不熄灭。

轶事

本茨的第一辆三轮汽车问世了，这给他带来了很高的荣誉，可是这辆车总是抛锚，因此遭到不少人的冷嘲热讽。尽管本茨对它进行了多次改进，可是毛病依然还是很多，为了避免在大庭广众之下出洋相，他甚至没有勇气在公开场合驾驶汽车上街。

这天早上，天刚刚发亮，本茨还在睡梦中，他的妻子贝尔塔就唤醒两个孩子，把汽车推出来，然后发动马达，向一百多公里之外的普福尔茨海姆进发，探望孩子的祖母。尽管天气很冷，但是母子三人的心里却非常激动。

刚刚行驶了14公里，忽然车速一下子慢了下来，很快停在路上不动了。贝尔塔和孩子们下车后去检查故障，在排除了机械故障之余，大儿子打开油箱一看，喊道：“糟糕！妈妈，我知道故障所在了，是油箱里没有汽油了。”

贝尔塔和她的小儿子围过来，朝着油箱一看，油箱里面早已经干涸。贝尔塔说："我们的汽车从来没有走过这么远的路，在出发前没有带够汽油。"

小儿子说："妈妈，这可怎么办啊？"

贝尔塔抬头向四周观望，忽然，她看到不远处有一家药房，她说："孩子们，你们在这里待着，不要乱跑，那里有个药房，我过去碰碰运气。"

不一会儿，贝尔塔拎着满满两大桶汽油走了过来，她说："上帝保佑！真是太幸运了。尽管是粗汽油，可是解决了我们的燃眉之急。"

车子很快被发动了起来。这一次，他们行进了很长时间，贝尔塔非常高兴地说："孩子们，我们很快就能见到你们的祖母了。"话音刚落，车子的速度又慢了下来，贝尔塔抬头一看，只见前面有一个很大的陡坡，车子的动力不够，根本过不去。贝尔塔当即做出了决定，让小儿子开车，自己和大儿子下车推车前进。

他们费了九牛二虎之力，终于过了陡坡。车子的速度渐渐快了起来。可是没过多久，车子突然停止不走了，经过检查，原来是发动机的油路堵塞了。贝尔塔找了发针把它修好，车子被发动起来不长时间，再次熄火，这一次是电器设备发生短路，他们想了一切办法，最后用袜带作绝缘垫。直到日落西山，母子三人才又饿又累到达目的地。孩子的祖母惊叹不已，小城的人都跑出来围观这个"怪物"。

贝尔塔立即给本茨拍了一个电报："汽车经受了考验，请尽快申请参加慕尼黑博览会。"本茨接到电报两手发抖，几乎不相信这是事实。

启示

尽管费了九牛二虎之力，可是本茨的妻子和孩子们终于获得了成功。这是本茨本人没有料想到的。其中如果他们轻言放弃，那么所有的努力都会白费力气了。可见，在遭遇困难和失败的时候，千万不要轻言放弃。

也许我们对他们耳熟能详，甚至深深地为他们的作品而倾倒，但是对于他们的了解未必多，他们经历过什么？他们的爱情和婚姻是否和小说中描述的一样？他们成功背后是否有不为人知的辛酸往事……但他们的成功和伟大是不可否认的。就是这些人在引领着人们的精神世界，在人类走向文明和进步的过程中扮演着举足轻重的角色。那么，在这一章，我们将了解这些文学家的轶闻趣事。

绝代文豪——巴尔扎克

奥诺雷·德·巴尔扎克（1799—1850），19世纪法国伟大的批判现实主义作家，欧洲批判现实主义文学的奠基人和杰出代表。1816年入法律学校学习，毕业后不顾父母反对，毅然走上文学创作道路，但是第一部作品却完全失败。曾一度弃文从商和经营企业，均告失败，使他债台高筑，拖累终身。长篇小说《朱安党人》使他迈出了现实主义创作的第一步。《驴皮记》使他声名大震。一生创作甚丰，写出了91部小说，合称《人间喜剧》。但终因劳累过度而死。

知识链接

——时间是人的财富、全部财富，正如时间是国家的财富一样，因为任何财富都是时间与行动化合之后的成果。

——一花凋零，荒芜不了整个春天。

——想升高，有两样东西，那就是必须做鹰，或者做爬行动物。

——伟大的人物都是走过了荒沙大漠，才登上光荣的高峰……

——苦难对于天才是一块垫脚石，对能干的人是一笔财富，对弱者是一个万丈深渊。

——挫折和不幸，是天才的晋升之阶，信徒的洗礼之水，能人的无价之宝，弱者的无底之渊。

轶事

巴尔扎克对待工作非常狂热，甚至达到了忘我的地步。不仅如此，他甚至不认识自己熟悉的城市街道，而对于他小说中的人和事却总是念念不忘，魂牵梦绕。为此，闹出了不少的笑话。

这天，他收拾好行装，准备出门，邻居见了问道："亲爱的巴尔扎克，我想你一定是要远行了，你这是准备要去哪里啊？"

事实上，此时的巴尔扎克正沉浸在自己写的小说里，他觉得是真实的，因而一本正经地说："我要上阿隆松，上戈乐蒙小姐和贝奈西先生居住的格伦诺

布尔城去。”

邻居惊讶地说：“巴尔扎克先生，你要去天堂吗？为什么你说的地方我从来没有听说过呢？”

巴尔扎克并没有理会邻居的质疑，而是兴致勃勃地说：“你猜猜，费列士·德·房特内斯娶的是谁？一位葛伦维尔家的小姐啊。他这门亲事结得很不差，葛伦维尔是很有钱的人家，尽管给贝乐孚伊小姐挥霍了不少。”

邻居更为不解，摇着头说：“看来，你真的是疯了。”

事实上，他所说的阿隆松、格伦诺布尔这些地名，以及戈乐蒙小姐、贝奈西先生、费列士·德·房特内斯、葛伦维尔、贝尔孚伊小姐这些人名，全都是他小说里的地名和人名。邻居自然不明白了。

还有一次，巴尔扎克遇到了一位很久没见面的朋友，他问道：“我送给你的那匹白马近来好不好啊？”

朋友一头雾水地说：“我和你差不多两年没见面了，你什么时候给我送过白马啊？”

巴尔扎克严肃地说：“你怎么忘记了啊，我亲爱的朋友，就是在去年圣诞时我送给你的啊！”

原来，是巴尔扎克曾经在自己的作品中写道想到送一匹白马给朋友，他却把它当成了现实。

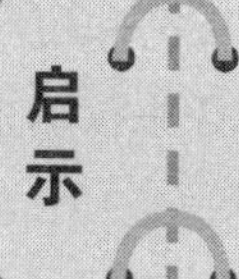

启示

做事情要有十二分的投入，这样才能把事情做好做精。故事中的巴尔扎克在写作上非常投入，以至于常常进入角色而不能自拔。

“新小说”鼻祖——卡夫卡

弗朗茨·卡夫卡（1883—1924），奥地利小说家，西方现代派文学的宗师和探险者，欧洲著名的表现主义作家。出生犹太商人家庭，18岁入布拉格大学学习文学和法律，1904年开始写作，主要作品为4部短篇小说集和3部长篇小说。可惜生前大多未发表，3部长篇也均未写完。他的文笔明净而想象奇诡，常采用寓言体。别开生面的手法，令20世纪各个写作流派纷纷追认其为先驱。代表作是：长篇小说《美国》《审判》《城堡》，短篇小说《中国长城的建造》《判决》《饥饿艺术家》。

知识链接

——如果没有这些可怕的不眠之夜，我根本不会写作。而在夜里，我总是清楚地意识到我单独监禁的处境。

——我喜欢作坊里的工作。刨花的气味，锯子的吟唱，锤子的敲打声，这一切。都让我着迷——表面看来，办公室里的人要高贵一些，幸运一些，但这只是假象。实际上，他们更孤独，更不幸。相反，手工艺把人引向人群。可惜我不能到木匠铺或花圃里干活了。

——每个人都生活在自己背负的铁栅栏后面，所以现在写动物的书这么多。

轶事

那一年，卡夫卡带着妹妹和两个外甥到波罗的海度假，一个偶然的机会，他们发现了一个来自柏林的犹太人度假村。

这天，卡夫卡路过度假村的厨房，无意中看到一个姑娘正在杀鱼，卡夫卡不由自主感叹道："多么纤细的一双手啊，怎么在做杀生的活呢！"

这个杀鱼的姑娘便是多拉，卡夫卡的话让多拉羞愧难当，她回去当即向首领要求换个工作。

就这样，他们相识了，卡夫卡深邃的思想、幽默的谈吐深深地触动了多拉，同时多拉身上那种坚毅与执著深深地感染了卡夫卡。

此时，卡夫卡正在饱受病魔的摧残，多拉的出现唤起了他被压抑和扭曲了的生活意志，爱情的力量让他重新燃起了活下去的欲望。他开始像个孩子一样，对多拉的话言听计从，因而，多拉要求他认真接受医生的治疗，卡夫卡自然乖乖听话了。在多拉的身边，卡夫卡每天都沉浸在幸福的遐想中。期间，卡夫卡得到了从来没有得到过的温暖与关爱。

在一个草暖风薰的日子，医生告诉卡夫卡，他的病有了缓解的趋势。卡夫卡高兴得哭了，他紧紧地拥抱了多拉，说他从来没有像现在这样渴望康复，渴望活下去。

随后，卡夫卡向多拉求婚，多拉高兴地答应了。同时，卡夫卡给多拉的父亲写了一封信，求他答应把女儿嫁给自己。然而，多拉的父亲却冰冷地拒绝了卡夫卡的求婚。

病痛中的卡夫卡收到了多拉父亲的回信后，深受打击，那个夜晚，这个一生性格古怪、从不将喜怒哀乐写在脸上的男人，终于泪流满面而号啕大哭。卡夫卡的病情急剧恶化，很快，他便离开了这个伤心的世界。

多拉无比激动地渴望着与爱人步入婚姻的殿堂，然而等待她的，不是婚

礼，而是卡夫卡的葬礼。因为婚姻没有被人承认，多拉甚至无权参加爱人的葬礼。然而，她还是固执而决绝地出现在卡夫卡的葬礼上，在一片责难与嘲讽的目光里，哭得死去活来。

整个葬礼上，多拉的号啕声昭示着卡夫卡的一生：这个世界，只有多拉短暂而真心地温暖过他。

启示 对于生活中的挫折和打击，要坚强地面对，千万不要被打倒了。否则输掉的可能是你的生命。故事中的卡夫卡求婚被拒绝之后，伤心过度，甚至搭上了自己的性命。

俄国文学之父——普希金

亚历山大·谢尔盖耶维奇·普希金（1799—1837），俄国著名的文学家、伟大的诗人、小说家，以及现代俄国文学的创始人。19世纪俄国浪漫主义文学主要代表，同时也是现实主义文学的奠基人，现代标准俄语的创始人，被誉为“俄国文学之父”“俄国诗歌的太阳”“青铜骑士”。他诸体皆擅，创立了俄罗斯民族文学和文学语言，在诗歌、小说、戏剧乃至童话等文学各个领域都给俄罗斯文学提供了典范，被高尔基誉为“一切开端的开端”。普希金的抒情诗被谱上曲，成了脍炙人口的艺术歌曲；有的作品还被改编成芭蕾舞，成为舞台上不朽的经典。

知识链接

——我们的心儿憧憬着未来，现今总是令人悲哀：一切都是暂时的，转瞬即逝，而那逝去的将变为可爱。

——假如生活欺骗了你，不要忧郁，也不要愤慨！不顺心时暂且克制自己，相信吧，快乐之日就会到来。

——等青春轻飘的烟雾把少年的欢乐袅袅曳去，之后，我们就能取得一切值得吸取的东西。

——读书和学习是在别人思想和知识的帮助下，建立起自己的思想和知识。

轶事

普希金的婚姻是不幸的，他跟妻子娜达丽娅之间根本没有共同的爱好。对

于普希金来说，诗歌是他生活的重要内容，是他的一切。除此之外，他一无所有。但对于娜达丽娅来说，诗歌如同乏味的公文一样，她根本不感兴趣，当然也不懂。

这天，普希金新创作了一首诗歌《假如生活欺骗了你》，他默默读了几遍觉得近似完美。于是兴奋地喊道："亲爱的娜达丽娅，我新创作了一首诗歌，我觉得太美了，我朗诵给你听。"说着便抑扬顿挫地朗诵了起来。

"假如生活欺骗了你，不要悲伤……"

娜达丽娅愤怒地吼道："你给我闭嘴，没看到我正在做美容吗？你这样絮絮叨叨，弄得我心烦意乱，心情不好会很容易衰老的，难道你不知道吗？"

普希金的热情顿时被浇灭了，但是他真的渴望能和妻子一起享受诗歌之美。他解释说："亲爱的，真的太美了，你还没有领会其中的美丽，为什么不耐心地听一听呢？"

娜达丽娅不耐烦地说："普希金，你的诗歌我已经听够了。请你闭上嘴！"

普希金只好默默品味自己精神世界的食粮。

还有一次，几个朋友来到了普希金的家里，他们在一起朗诵普希金的新作，当时，娜达丽娅也在场。有人问道："娜达丽娅女士，我们朗诵诗歌会不会影响你啊？"

娜达丽娅客气地笑着说："朗诵你们的吧，反正我也不听。"

朋友们开始继续朗诵诗歌，他们没有注意到普希金的脸色变得非常难看。他觉得，娜达丽娅的冷漠让他颜面尽失。

尽管如此，对于这个胸无点墨、只懂享乐的女人，普希金还是用包容和宽恕来迁就她，以至于后来为了她赔上了自己的性命。

启示

对于男人来说，一个贤惠的妻子是走向成功的必备条件。普希金就是因为没有一个好妻子，而让他的一生充满了痛苦和矛盾。

英国天才诗人——拜伦

乔治·戈登·拜伦（1788—1824），英国19世纪初期伟大的浪漫主义诗人。1788年出生于伦敦，父母皆出自没落贵族家庭。他天生跛一足，并对此很敏感。1805年在剑桥大学学文学及历史，他是个不刻苦的学生，很少听课，却

广泛阅读了欧洲和英国的文学、哲学和历史著作，同时也参加射击、打猎、游泳等各种体育活动。拜伦不仅是一位伟大的诗人，还是一个为理想战斗的勇士；他积极而勇敢地投身革命，参加了希腊民族解放运动，并成为领导人之一。其代表作品有《恰尔德·哈罗德游记》《唐璜》等。

知识链接

——当这受苦的皮囊冷却，那不灭的精魂漂泊何方？

——人生好比一面鼓，一边走着，一边敲着，一步一步走向坟墓。

——知识是悲苦：知道得最多的人，必定最深地悲叹一条不祥的真理。

——当我们自以为在领头的时候，正是被人牵着走得最欢的时候。

——如有可能，我将教导这世上的石头飞起来打击世上的暴君。

轶事

哈罗学校是19世纪的英国名门公立学校，在这里经常发生以强凌弱、以大欺小的事情。

一天，一个身材高大的男生，忽然走过去拦住了一个身材矮小的同学，然后说："瞧瞧这个小瘪三，还不快过来帮你大爷拎包！"

小个子男生哪里受得了这个气，于是愤怒地说："你嘴巴放干净一些。"

大个子恼羞成怒，扑过去一把抓住小个子的衣领，劈头盖脸地暴打起来。尽管小个子也拼命反抗，可是哪里是大个子的对手。"啪""啪"两个耳光打在小个子的脸上，鼻血顿时流了下来，但是小个子非常倔强，并没有乞怜告饶。

旁观的大群学生们或冷眼观看，或起哄嬉笑，或一走了之。只有一个文弱的男生，终于忍不住挺身而出，怒吼道："住手，为什么打人？"

大个子朝着声音望去，见也是个文弱的小男生，瞪着眼睛说："你是不是也想挨揍啊？"

文弱男生不甘示弱，质问道："你还不住手？到底要打他多久呢？"

没想到有人敢这么质问自己，大个子恶狠狠地说："你最好少管闲事，否则我让鼻血从你的鼻孔里流出来。"说完又给了小个子几个耳光。

文弱男生跑过去，扑在小个子的身上，说："不管你还要打几下，让我替他承受一半的拳头吧。"

大个子见文弱男生竟然用自己的身体护住了小个子，只好松开了手，骂骂咧咧地走了。

从此以后，学校里反抗恶行暴力的声音开始响亮，帮助弱者的善举也逐渐增多。两个新生也成了莫逆之交。那位被殴打的小个子同学，深感善心与见义勇为的可贵，后来成为英国颇负盛名的大政治家罗伯特·比尔。而那位挺身而出、愿为陌生弱者分担痛苦的瘦弱新生，则是扬名全世界的大诗人拜伦。

启示

仗义执言，帮助别人很有必要，因为毕竟生活中存在着各种不合理的现象。故事中的拜伦在不占优势的情况下，依然为别人说话，他的举措赢得了别人的尊重。

法国浪漫文豪——雨果

维克多·雨果（1802—1885），法国浪漫主义作家，人道主义的代表人物，是19世纪前期积极浪漫主义文学运动的领袖，法国文学史上卓越资产阶级民主作家，被人们称为“法兰西的莎士比亚”。贯穿他一生活动和创作的主导思想是人道主义、反对暴力。他的创作期长达60年以上，作品包括诗歌、小说、剧本、哲理论著，合计79卷之多，给法国文学和人类文化宝库增添辉煌的文化遗产。其代表作是：《巴黎圣母院》《悲惨世界》等长篇小说。

知识链接

——世界上最宽阔的是海洋，比海洋更宽阔的是天空，比天空更宽阔的是人的胸怀。

——未来将属于两种人：思想的人和劳动的人，实际上，这两种人是一种人，因为思想也是劳动。

——在绝对正确的革命之上还有一个绝对正确的人道主义。

——脚步不能达到的地方，眼光可以到达，眼光不能到达的地方，精神可以飞到。

——释放无限光明的是人心，制造无边黑暗的也是人心。

轶事

有一个阶段，雨果全力以赴地赶一部作品。可是，很多社交活动占去了他不少的时间，这让他非常懊恼。

这天，他正在专心致志地写作。忽然，门铃大作。他很不情愿地打开了门，站在门外的是一位当时非常有名的表演家，雨果和他有过一面之缘，并无深交。对方突然造访，着实让雨果有些吃惊。

表演家见雨果没有要请他进屋的意思，只好站在门外说：“尊敬的雨果先生，非常诚恳地邀请你来参加我明天晚上的演出。”说着递上了请柬。

雨果很不情愿地拿了请柬，说：“不好意思，我家里有客人，不方便邀请你进屋了。”

表演家见状，只好找了个借口离开了。

关上门之后，雨果非常为难：不去参加演出，会博了表演家的面子，如果去的话又会耽误他的时间。一气之下，雨果想了个绝招：把自己的头发和胡须分别剃去半边。第二天晚上，雨果心安理得地留在家里搞创作了。

几天之后，表演家再次前来拜访雨果，当他见到雨果后，说：“尊敬的雨果先生，我再次恳请你前去看我的表演。”

雨果则幽默地指着自己的滑稽相说：“我这个样子怎么出去啊，即便出现在你的表演现场，也会让庄重的气氛大打折扣的啊。”

表演家见状，故作惊讶地问道：“这到底是怎么回事？几天不见，你怎么会变成这个样子了。”

雨果则笑着骂道：“那个该死的理发师，我告诉他我的时间很紧，让他加快速度给我理发，没想到他生气了，把我的头发和胡子整理了一半就撒手不管了。”

表演家一听，只好转身离开了雨果的家。待须发还原，他的大作也告以成功。

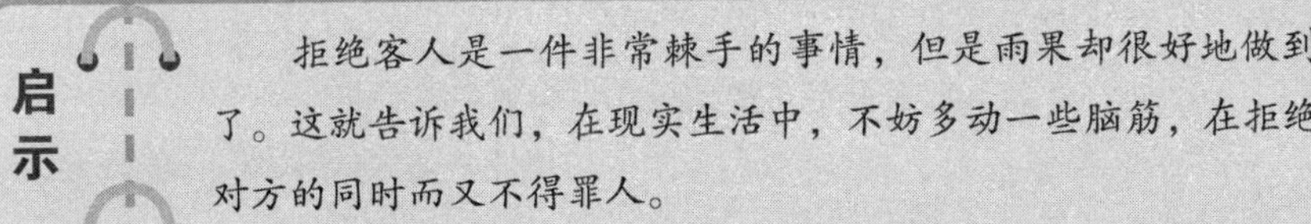

启示

拒绝客人是一件非常棘手的事情，但是雨果却很好地做到了。这就告诉我们，在现实生活中，不妨多动一些脑筋，在拒绝对方的同时而又不得罪人。

俄国文豪——列夫·托尔斯泰

列夫·尼古拉耶维奇·托尔斯泰（1828—1910），俄国小说家、思想家、评论家、剧作家和哲学家，俄国伟大的批判现实主义作家，是世界文学史上最杰出的作家之一，同时也是非暴力的基督教无政府主义者和教育改革家。托尔斯泰著有《战争与和平》《安娜·卡列尼娜》和《复活》这几部被视作经典的长篇小说，被认为是世界最伟大的作家之一。他的作品描写了俄国革命时人民的顽强抗争，因此被称为“俄国革命的镜子”，列宁曾称赞他创作了世界文学中“第一流”的作品。

知识链接

——不知道并不可怕和有害，任何人都不可能什么都知道，可怕的和有害的是不知道而假装知道。

——爱和善就是真实和幸福，而且是世界上真实存在和唯一可能的幸福。

——重要的不是知识的数量，而是知识的质量，有些人知道很多很多，但却不知道最有用的东西。

——没有钱是悲哀的事，但是金钱过剩则更加悲哀。

——认识真理的主要障碍不是谬误，而是似是而非的真理。

轶事

有一次，一位法国青年前来拜访托尔斯泰，他们一边散步，一边闲聊，不知不觉来到了一个健身场所。青年跑过去，抓住了一副单杠，做了几个漂亮的动作，骄傲地说：“伯爵，我想对于这门艺术，您大概是外行吧？”

托尔斯泰笑了笑，没有说话。

“文人不会武，这也不必苛求……”法国青年觉得自己的举措让托尔斯泰难堪了，于是急忙为他开脱道。

托尔斯泰看了他一眼，走到单杠下面，轻轻一跃，双手握杠，两腿挺直朝前一伸，往后一摆，连续绕了几个“大翻车”，随后又轻松自如地做了几个难度很大的动作，像燕子那么轻巧，像猿猴那么自如。

法国青年看傻了眼，惊诧得吐出舌头，老半天都没缩回去。他根本不知道，体育活动正是托尔斯泰的强项。

当托尔斯泰从单杠上跳下来，法国青年心悦诚服地说：“伯爵，您不但在文学创作上是佼佼者，没想到你在体育锻炼上也是首屈一指，实在太了不起了。”

托尔斯泰没有吭声，只是淡然地笑笑。

托尔斯泰喜欢骑马、打猎、游泳、滑冰、划船等运动。除了体育，他还爱参加劳动。画家列宾就亲眼看见托尔斯泰在烈日下整天在田地里劳作。他主动地帮助贫穷的人盖房子、砌炉灶、割草，直到古稀之年，还坚持自己打水、劈柴，和农民一起锯木头。

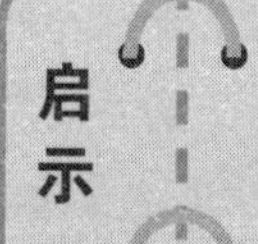

启示

很多人都以固有的思维局限性而去妄下结论，事实上，这是要不得的。就如同那位青年，觉得托尔斯泰是文人，想借机让他难堪，殊不知让自己献了丑。

幽默文学大师——马克·吐温

马克·吐温（1835—1910），原名塞姆·朗赫恩·克列门斯，是美国的幽默大师、小说家、作家，也是著名演说家，19世纪后期美国现实主义文学的杰出代表。被称为美国文学史上最知名的人士之一，被推崇为“美国文坛巨子”，他被誉为文学史上的林肯，是美国乡土文学的集大成者。作品风格以幽默与讽刺为主，既富于独特的个人机智与妙语，又不乏深刻的社会洞察与剖析。作品有短篇小说《竞选州长》《百万英镑》等，长篇小说《汤姆·索亚历险记》《王子与贫儿》等。

知识链接

——最好闭上嘴，让别人只是觉得你可能是个笨蛋，而不是张嘴说话，消除所有的怀疑。

——生活的成功需要两个因素：愚昧以及自信。

——取得进展的秘诀就是开始；开始的秘诀就是将令人窒息的复杂任务，细化成可操作的任务，然后开始做第一件。

——当真理还正在穿鞋的时候，谎言就能走遍半个世界。

——首先弄到事实，然后你就可以随心所欲地把他们扭曲。

——当你发现你跟大多数人站同一立场时，你就该停下来仔细想想了。

轶事

马克·吐温其人出语犀利，亦充满了诙谐的情趣。

有一个为富不仁的大富翁，他的左眼完全瞎了，无法复明。后来，他花了大把的钞票，装了一个假眼。这个假的眼睛做得真好，惟妙惟肖，跟真的一样。

这位富翁得意极了，逢人便问：“请你猜一猜，我的眼睛哪一只是假的？”每当回答者猜错了，他更是喜形于色，得意非凡。也有些人给他戴高帽子：“阁下真是财大命好，连假眼睛也做得跟真眼睛一样。”一番马屁话，说得他心花怒放。

有一回，他遇到了马克·吐温，为了炫耀他的假眼睛，他又提出了那个猜一猜的老问题：“请你猜一猜，我的眼睛哪一只是假的？”

马克·吐温毫不犹豫，立刻指着富翁的左眼说：“这只眼睛是假的。”

富翁很不识趣地继续问：“你怎么知道的？”

马克·吐温回答道："因为从你的左眼中，我看到还有一丝慈悲。"

一次偶然的机会，马克·吐温与雄辩家琼西·M·得彪应邀参加同一晚宴。

席上演讲开始了，琼西·M·得彪滔滔不绝，情感丰富地讲了20分钟，赢得了一片热烈的掌声。然后轮到马克·吐温演讲。

马克·吐温站起来，面有难色地说："诸位，实在抱歉，会前琼西·M·得彪先生约我互换演讲稿，所以诸位刚才听到的是我的演讲，衷心感谢诸位认真地倾听及热情地捧场。然而，不知何故，我找不到琼西·M·得彪先生的讲稿，因此我无法替他讲了，请诸位原谅我坐下。"

启示

马克·吐温嫉恶如仇，对于为富不仁的富翁，他的口里从来没有好话，同时他也非常聪明，可以巧妙借助别人的智慧给自己增光。

第09章 世界知名军事统帅

在战场上，他们运筹帷幄，指挥着千军万马，决胜于千里之外。但是，在生活中，他们是优秀的丈夫，可敬的儿子和伟大的父亲。也许正是因为他们的贡献，世界才共享和平，抑或他们卓越的军事才华，让世界饱受战火摧残。但是，无论如何，作为军事统帅，他们是成功的，是伟大的。那么，在这一章，我们一起来走入他们的生活，了解他们生活中的故事吧。

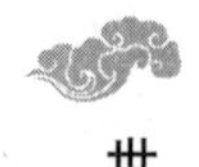

军事战略家——汉尼拔

汉尼拔·巴卡（前247—前183），北非古国迦太基著名军事家，有“迦太基雄狮”之称。被西方人誉为战略之父，其许多思想和作战方法都有着理想主义的光芒。年少时随父亲哈米尔卡·巴卡进军西班牙，并向父亲立下一生的誓言，要终身与罗马为敌。自小接受严格和艰苦的军事锻炼，在军事及外交活动上有卓越表现。汉尼拔当选为迦太基最高行政官之后，实行了许多重大改革，但遭到贵族寡头们的强烈反抗，汉尼拔在无路可逃情况下，服毒自杀。

知识链接

——不必为此等小事惊恐，吉士高。 敌人虽人数众多，却没一个叫吉士高的。（在坎尼会战前对一个被罗马军队数量所惊吓的士兵如是说）

——感谢我吧！因为我不但使罗马人被迫应战，而且还迫使他们在这个对我军最有利的战场上作战！（在坎尼会战之前对军队的演讲）

轶事

在第一次布匿战争结束之后，罗马完全掌握了地中海内的制海权，迦太基因为战败所签的条约的限定，不能建立海军。因此，汉尼拔破天荒地制定了一个出奇制胜的策略。他从新迦太基出发，率军翻越比利牛斯山，穿过敌对高卢人的领土，渡过隆河，避开罗马派进高卢军队的拦截，于秋天抵达阿尔卑斯山山脉边缘。

汉尼拔克服了坎坷的气候、险峻的地形，统帅一支种族语言参差混杂的军队，对抗山地部落不断地骚扰攻击等重重困难，在冬季成功跨过阿尔卑斯山，进入意大利北部。

罗马原本打算在高卢击溃迦太基军队，进而入侵伊比利亚及北非迦太基领土，没想到汉尼拔会越过阿尔卑斯山，出现在帕杜斯河（波河）谷地内。汉尼拔的出现使当地各个高卢人部落纷纷叛变脱离罗马的管制。

在大战即将爆发之际，汉尼拔收服了都灵地区的敌对部落，解除了对他军队后方的威胁。战争随即爆发。汉尼拔善用其骑兵优势，迫使罗马军退出伦巴底平原，使战斗的损失极为稀少，而罗马军队则被斩杀者居多，士兵仓皇败逃。

罗马在这场小规模交锋中的失败，加速了当地高卢人的叛变，不久之后整个意大利北部的部落便全部倒向迦太基阵营。高卢与利古里亚佣兵的加入使汉尼拔的军队得以补充回4万人的顶盛状态，全面入侵意大利指日可待。

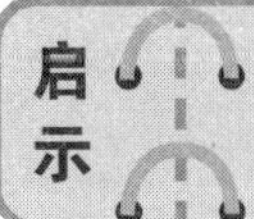

想要战胜对手，那么就要付出比对方更多的努力。故事中的汉尼拔克服了重重困难，终于打败了罗马军队。

游击战之父——加里波第

朱塞佩·加里波第（1807—1882），意大利民族英雄，意大利统一时期民族解放运动的著名军事家，资产阶级革命民主派的卓越领袖之一。他献身于意大利统一运动，亲自领导了许多军事战役，被称为意大利统一的宝剑。他与加富尔、朱塞佩·马志尼一起被梁启超称为意大利建国三杰。此外，他与维托里奥·埃马努埃莱二世、卡武尔、马志尼被共同视为意大利的国父。而由于在南美洲及欧洲对军事冒险的贡献，他也赢得了“两个世界的英雄”的美称。

知识链接

——在我们那页灿烂的历史中，将添上更加光荣的一页，而且奴隶们最后将会用自己身上的镣铐锻冶成锋利的宝剑，把宝剑亮给他们自由的兄弟们看。

轶事

这天，加里波第正在忙着工作，忽然城中大乱，他急忙拽住了一个逃命的路人问：“到底发生了什么事情？”

路人哭丧着说：“你还不知道吗？阿根廷的军队已经包围了乌拉圭首都蒙得维地亚，据说他们会杀掉城里所有的人，你还不快逃命啊？”

加里波第一听，急忙去找自己的同胞，等他到来的时候，很多意大利人已经聚集在一起，准备武装起来抵抗阿根廷的军队。加里波第也领到了武器，参加了自卫军。他回去后迅速组织没有参军的意大利人，拿起武器斗争。短短几天时间里，统帅瓦卡雷扎阻止了700人的军队。

可是，战斗连续打了几次，自卫军都以失败告终，在这种情况下，众人找到了加里波第，让其出面来统领这支军队。起初加里波第有些推辞，可是众将领一再推举，他只好临危受命，接受了统帅的职务。

随后，加里波第大声宣布："我决定要将军队进行彻底地改组，打破以邻居和朋友为单位的设置，将战斗力弱的军队和战斗力强的军队分开。"众将领听令后，分别行动了起来。这样分组之后，战争当中，把战斗力强的军队派到前线去大战，战斗力弱的作策应，老弱病残做后勤，很快，他们赢得了第一次胜利。

除此之外，加里波第重新设计了黑色军旗，上绣正在喷发的维苏威火山图案，以激发战士们为自由而战的决心。军团没有统一制服，不得不从一家肉类加工厂搞来屠夫工作服充数，加里波第最初很讨厌这种红制服，但很快就喜欢上了它。

启示

在战争中，指挥官的能力有时候决定着战争的胜负。故事中的加里波第调整了布防，从而赢得了战争。可见，一位好的领导者多么重要。

西方兵圣——克劳塞维茨

卡尔·菲利普·戈特弗里德·冯·克劳塞维茨（1780—1831），德国军事理论家和军事历史学家，普鲁士军队少将。克劳塞维茨出生在一个贵族家庭，12岁时就参加了普鲁士军队，13岁第一次走上了战场。1803年，从柏林普通军校毕业后担任奥古斯特亲王的副官。在1808年，进入格哈德·冯·沙恩霍斯特奠基的普军总参谋部中任职。1810年秋任军校教官，并为王太子讲授军事课。主张联合俄国抗击法国。因不满普鲁士国王同拿破仑一世结盟而辞职，转到俄军，回归普军后，在骑兵军和步兵军司令部中任职。1818年5月任柏林军官学校校长，9月晋升为少将。任校长职12年，潜心研究战史和从事军事理论著述。克劳塞维茨去世后，他的妻子整理出版了《卡尔·冯·克劳塞维茨将军遗著》，前三卷为《战争论》，其余为战史著作。

知识链接

——战争的要素——搏斗。战争无非是扩大了的搏斗。目的是打垮对方，让对方服从自己的意志。定义：战争是迫使敌人服从我们意志的一种暴力行为。

——战争无非是政治通过另一种手段的继续。

——人与人之间的斗争本来就包含敌对意图和敌对感情这两种不同的要素。

——军事活动总是少不了危险，而在危险中最可贵的精神力量是什么呢？是勇气。

——假使在决战中，为决战做的准备的任何一点不足，在将来都无法挽回。

轶事

这天傍晚，像往常一样，克劳塞维茨来到了王宫，为王太子讲授军事课。休息期间，两人聊起了当前的军事，这也是他们师徒二人每天必须要聊的话题，事实上，也是军事课程的一部分。

王太子感慨地说：“老师，现在拿破仑的军队对外扩张，这给我们国家带来了巨大的压力。不可否认，拿破仑是个军事天才，他所带领的法国军队战斗力非常强悍，在数次的战斗中，我们的军队死伤无数。您作为著名的军事家，您认为在这种情况下，我们到底该怎么办才能抵御法军的侵略呢？”

克劳塞维茨想了想说：“尊贵的王子殿下，我们之所以打了败仗，并不是我们的士兵贪生怕死，而是我们的敌人数量众多，再加上武器先进，战斗力要远远高于我们。当下之际，唯一能挽救国家的方法，那就是联合别的受侵略的国家，比如说俄国，一起应对这场灾难。”

王太子说：“可是，据我所知，父王打算和拿破仑结盟，以换取安全啊。”

克劳塞维茨大惊失色，他说：“真的是这样的吗？和拿破仑结盟，无疑是向他们投降称臣，这样不但不能给国家带来和平，还会让民众受尽侵略者的羞辱和践踏，这并不是明智之举啊！”

王太子摇了摇头说：“作为王子，我已经劝谏过父王了，可是父王一意孤行，我也无能为力啊。”

辞别了王子之后，克劳塞维茨急忙进宫，向国王澄清结盟的利弊。可是国王始终不肯听从克劳塞维茨的建议，联合俄国，一起抵抗拿破仑的侵略军。克劳塞维茨执意进谏，结果惹怒了国王，被赶出了皇宫。

克劳塞维茨悲愤交加，毅然离开了普鲁士，投奔到俄军的阵营中去，参加了俄军抵抗拿破仑侵略的战争。

启示 当和上司发生意见冲突之后，私自做决定并不是明智之举，它会给你带来很大的麻烦。

虎胆将军——巴顿

乔治·史密斯·巴顿（1885—1945），美国陆军四星上将，是第二次世界大战中著名的美国军事统帅。在第二次世界大战欧洲战场，因先后指挥美国陆军第7集团军和第3集团军而闻名。乔治·巴顿作战勇猛顽强，重视坦克作用，强调快速进攻，有“热血铁胆”“铁血老将”之称。巴顿不仅是将军也是文人；是一个具有政治、军事、哲学头脑的人，成为第二次世界大战中一颗耀眼的军事明星。战争后期，巴顿因殴打士兵遭到媒体抨击，引起盟军总部的反感。战争结束不久，他又在正式场合出言不慎，被媒体加以利用，使他在军中的地位受到更大的影响。

知识链接

——美国人对失败者从不宽恕。美国人蔑视懦夫。美国人既然参赛，就要赢。我对那种输了还笑的人嗤之以鼻。

——所谓的个人英雄主义是一堆马粪。那些胆汁过剩、整日在星期六晚间邮报上拉马粪的家伙，对真正战斗的了解，并不比他们搞女人的知识多。

——我们军队容不得胆小鬼。所有的胆小鬼都应像耗子一样被斩尽杀绝。否则，战后他们就会溜回家去，生出更多的胆小鬼来。老子英雄儿好汉，老子懦夫儿软蛋。干掉所有狗日的胆小鬼，我们的国家将是勇士的天下。

——我最大的遗憾是没有在战争结束的那一刹那被干掉，这让我觉得很不爽。否则，我在你们眼中将更完美了！

轶事

1902年夏天，巴顿一家来到圣卡特林纳岛度假。在这里，他邂逅了后来成为他妻子的阿特丽丝·拜林·艾尔小姐。他们一见钟情，很快坠入了爱河。

一天午后，巴顿和阿特丽丝在玩捉迷藏的游戏时，不慎跑进岛上的原始森林中，跌进一口废弃的陷阱，身上多处受伤。在身陷囹圄的情况下，巴顿并没有把希望寄托在别人的搭救上，因为他知道，自己在原始森林里，是不会有人

帮助他的。因而，他用随身携带的军刀，在井壁上挖出脚蹬，爬出了陷阱，终于脱险走出了森林。

巴顿的勇敢终于征服了阿特丽丝的心，巴顿豪情万丈地宣布："我一定会成为一名出色的将军！"阿特丽丝非常痴迷地望着巴顿，一下子扑在巴顿的怀里。

考上军校之后，痴情的阿特丽丝周末常专程从波士顿赶到西点与巴顿约会。他们一起去攀登悬崖、郊游和野餐。巴顿对阿特丽丝说："我想最美好的死法是，让战争结束的最后一发子弹打在我的脑门上。"阿特丽丝则笑着回答："那么我希望战争永不结束。"巴顿欣喜地发现自己找到了真正的知音。

从西点军校毕业，巴顿打算与阿特丽丝结婚，然而却遭到了阿特丽丝的父亲艾尔的反对，理由很简单，他不愿女儿嫁给军人，因为这样会让她担惊受怕。

得知这个消息之后，阿特丽丝想尽了一切办法向父亲施压，包括绝食、自杀以及离家出走，又撒娇、恳求，软磨硬泡，在父亲准备妥协之际。巴顿则向未来的岳父表达自己的信仰："我之所以当一名军人，就像呼吸那么自然……实际上公民的最高义务和权利就是拿起武器保卫祖国。"

艾尔最终不得不同意他们的婚事，但是他担心巴顿的家境是否和别的军官一样贫穷，孰料，巴顿的家庭竟然拥有百万财产。艾尔无话可说，就这样，巴顿带着他美丽的新娘在谢里登堡的军营中举行了婚礼。

启示

有时候，讲点策略，或许能起到意想不到的效果。故事中的巴顿在遭受岳父大人的刁难时，一边让未婚妻撒娇，一边表明自己的决心，从而赢得了岳父的肯定。

沙漠跳鼠——蒙哥马利

伯纳德·劳·蒙哥马利（1887—1976），英国杰出的军事家、战略家，英国陆军元帅，第二次世界大战中盟军杰出的指挥官之一。1887年11月17日出生在伦敦肯宁顿区圣马克教区的牧师家庭。1901年，14岁时才正式上学，文化成绩低劣，但体育成绩极棒。1908年，毕业于英国桑赫斯特皇家军事学院，12月任皇家沃里克郡团少尉排长。参加第一次世界大战，后升任旅参谋长和师作战参谋，大战结束时任师司令部中校参谋。第二次世界大战中，著名的阿拉曼

战役、诺曼底登陆为其军事生涯的两大杰作。著有《从阿莱曼到桑格罗河》《蒙哥马利元帅回忆录》《一种趋于明智的态度》《走向领导的途径》《战争史》等。

知识链接

——谁穿上谦卑这件衣裳，谁就是最美最俊的人。

——正义占上风的地方，自由一定盛行。

——对于我们来说，生活中必须有，也应该有某种人生信仰，它偶尔用一句话、一场梦、一种表情或一个事件向我们传递一种令人振奋的消息。

轶事

蒙哥马利元帅被世人尊重为英国历史上赫赫有名的战将，他的帽子上经常别着两枚帽徽，这到底是怎么一回事呢，是他有这样的特殊喜好，还是有什么特殊的意义呢？事实上都不是，他之所以在自己的帽子上别两枚帽徽是有原因的。

原来，蒙哥马利在第一次世界大战时，因为表现出色而被升为军官，但是奇怪的是，他所参加的战斗无一例外都以失败告终。后来，他认真做了总结，觉得在艰苦的战斗中，士兵们和下级军官总是看不到指挥官而丧失信心，导致士气低迷，因而一触即溃。

后来，在第二次世界大战中，蒙哥马利获得了统帅大军的权利，为了避免在第一次世界大战期间的教训再次出现，他决定要想办法让士兵和下级军官经常看到自己。可是，怎样才能让士兵和下级军官一眼就能认出自己呢？这着实是个让他头疼的问题。

他想了各种的办法，包括穿不一样的军服，拿特殊的枪，可是效果都不大，后来，他别出心裁地把两枚帽徽别在一顶军帽上。没想到，只要他出现在军营里，很快就会被士兵们认出，即使这些士兵们从来没有见过他。于是，他带着别有两枚帽徽的军帽上战场，士兵和下级军官们始终能看到他亲临战线，整个军队士气大振，打起仗来个个显得异常勇敢，胜利的捷报也不断从前线传来。

从那之后，只要上战场，蒙哥马利元帅总不忘戴属于自己专有的这顶别有两枚帽徽的帽子，这顶特殊的军帽一直伴随着蒙哥马利走完了第二次世界大战的全过程。

启示 找到问题的根源才能更好地解决问题。蒙哥马利正是找到了打败仗的原因，然后在自己的军帽上别有两枚帽徽，从而让士兵们及时发现自己，解决了士气低迷的问题。

五星上将——艾森豪威尔

德怀特·艾森豪威尔（1890—1969），美国陆军五星上将和第34任总统。第二次世界大战期间，他担任盟军在欧洲的最高指挥官；第二次世界大战时期，负责计划和执行监督进攻维希法国和纳粹德国的行动。1951年，又出任北大西洋公约组织武装力量最高司令。他是美军统率最大战役行动的第一人，美军退役高级将领担任哥伦比亚大学校长的第一人；他是美国唯一的一个当上总统的五星上将。代表作品：《远征欧洲》《受命变革》《缔造和平》《悠闲的话》等。

知识链接

——要好好地记住：慎重与怯懦不是同义语，正如勇敢并不等于鲁莽一样！

——在我家里，关心别人是理所当然的事。父母亲从小就向我们灌输，一个人既要有雄心壮志，又不能自高自大目中无人，自立自强是生活的基本原则。

——我不能容忍那些把一切与他们见解不同的人都称作共产党的极右分子，我也不能容忍那些高呼我们其余的人都是残酷的贪财牟利之徒的极左分子。

——第二次世界大战并不是美国和他的盟国的人民挑起的，他们并不是愚蠢的战争狂。那些在战争中报效国家而幸存下来的人们还清清楚楚地记得，他们浴血沙场是为了免遭敌人的蹂躏。为了这个目的，无数英雄豪杰为国捐躯，他们在我们心上留下了深深的印迹。

战争结束之后，艾森豪威尔因为功勋卓绝而成为了美国人眼中的大英雄，媒体对他大肆报道，民众对他非常敬仰，一时间，他成为了美国民众街头巷尾谈论的焦点人物。

这天，一位记者前来采访艾森豪威尔。作为公众人物，艾森豪威尔将军自然愿意在媒体面前爆料自己的生活来迎合民众对他的狂热追随。

记者问："艾森豪威尔将军，您在战争中常常让敌人闻风丧胆，想必您在生活中也是一个雷厉风行的人，民众对您的生活非常感兴趣，您能否在这里谈一下，作为英雄，您是如何提高工作和生活效率的？"

艾森豪威尔将军想了想说："通常，我会将我的生活画成一个十字，也就是说分成四个象限，分别是重要紧急的、重要不紧急的、不重要紧急的、不重要不紧急的，把自己要做的事都放进去，然后先做紧急重要那一象限中的事。这样一来，我的生活不但有条不紊，而且事情的轻重缓急也处理得非常恰当，效率自然提高了。"

记者说："看来您的成功并非偶然，我想也正是因为您能很好地处理工作和生活中的很多琐事，才使得您即使在瞬息万变的战场中，始终冷静、沉着，抓住有利战机，从而赢得了战争的主动权。"

接着，记者又问道："我曾听说，您的一个非常要好的朋友曾经向您打听战略计划，您是如何答复的？"

艾森豪威尔将军笑了笑说："是的，你知道在战争中，作战计划是绝对的机密，无论如何都不能向外人透露，但是，我这个朋友和我的关系非常要好，我又没办法直接拒绝，于是我问他：'我告诉你，你能守口如瓶吗？'当时，朋友非常肯定地说：'绝对能！'我就对他说：'我也能。'于是他便不好意思再追问了。"

记者竖起了大拇指，说："将军，您真是太聪明了。"

启示

艾森豪威尔在处理事情的方法非常科学，他能让自己第一时间选择最需要做的事情。这种方法带来了他的高效率。可见，做事情要讲究方法策略的。

美国名将——麦克阿瑟

道格拉斯·麦克阿瑟（1880—1964），美国著名军事将领。1944年，授衔五星上将军衔。并且曾任菲律宾陆军元帅。第二次世界大战时期历任美国远东军司令，西南太平洋战区盟军司令；战后出任驻日盟军最高司令和"联合国军"总司令等职。麦克阿瑟有过50年的军事实践经验，被美国国民称为"一代老兵"，而其又曾是"美国最年轻的准将、西点军校最年轻的校长、美国陆军历史上最年轻的陆军参谋长"，凭借精妙的军事谋略和敢战敢胜的胆略，麦克阿瑟堪称美国战争史上的奇才。

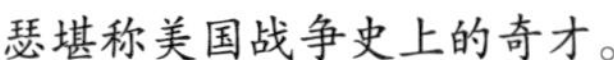

——开始的时候，我们以为我们什么都知道，但后来发现，事实是我们什么都不知道。

——青春不是生命的一个阶段，而是生命的一种境界！

——你有信仰就年轻，疑惑就年老。有自信就年轻，畏惧就年老。有希望就年轻，绝望就年老。岁月刻蚀的不过是你的皮肤，但如果失去了热忱，你的灵魂就不再年轻。

——石头是坚硬的，但比它更坚硬的是人崇高的意志，它受到理想的指引，它能征服和铸造最坚硬的顽石。

——没有必胜的信念，则战争必败无疑。

一天，麦克阿瑟将军来某部军营视察。当他到达目的地时，已经是傍晚时分，罗格斯少校带着手下慌忙出来迎接。将军下了车，巡视四周，然后示意少校上前来，等少校站在他的跟前时，将军低声问道：“你部士兵可曾军心不稳啊？”

少校“啪”地立正，敬了个军礼：“我部军纪严明，严阵以待，随时听候将军调遣。”

麦克阿瑟将军点了点头说：“那就好！那就好！”

随后少校陪着将军一行人来到了指挥所，在进门之前，将军握着少校的手说：“要多沟通，及时了解士兵们的想法。”

就在这个时候，从不远处跑过来一名士兵，边跑边喊：“将军！将军，我有急事要向您汇报！”

少校的脸“刷”地白了。他一声断喝：“你要汇报什么？有事回头向我说明。”说着挥手要赶走那名士兵。

将军摆摆手，面色凝重，“你要汇报什么事情？”

“将军，我刚刚收到家里的来信，母亲生命垂危，渴望见我一面，我不能让母亲死不瞑目，所以恳请将军能给我请假。”

将军脸色很难看，他看着少校。少校冷汗直冒，急忙解释说：“是的，这件事情我三天前就知道了。只是现在是不可能为士兵请假的，要是破了例，还不知道有多少人要趁机离开呢。”

将军点点头，他明白事情很棘手、很敏感。过了一会儿，他对少校说：“你迅速把所有想请假离开的人召集起来。”

大约半小时后，校场上聚集了黑压压的一群人。麦克阿瑟将军掷地有声地说："你们是军人，可你们也是儿子，是丈夫。如果少了你们，最多只能改变战争的时间和结果，而当亲人需要的时候，你们却是他们唯一的期盼与守望……今天，我答应大家，凡是有急事需回国的，我同意你们的请求，并且会安排好大家的归程。"

校场上起先是一阵静默，随后响起了经久不息的掌声。

那些嚷着要回国的士兵不仅打消了念头，还说："一个在战争中，仍然关怀士兵的将军，一定是个好将军，跟着这样的将军，我们有希望！"

启示

有些时候，反其道而行之或许会收到意想不到的效果。故事中的麦克阿瑟面对士兵们频繁请假的现状，故意给他们放假，结果激发了士兵们的信心，再也没有人要请假了。

民族英雄——朱可夫

格奥尔基·康斯坦丁诺维奇·朱可夫（1896—1974），苏联军事家，政治家，苏联元帅。因其在德苏战场上的卓越功勋，被认为是第二次世界大战中最优秀的将领之一，也成为仅有的四次荣获"苏联英雄"称号的人之一，同时也是获得两次胜利勋章的三个人之一，深受俄罗斯人民的拥戴和敬爱。著有《回忆与思考》《在保卫首都的战斗中》《库尔斯克突出部》《在柏林方向上》等军事著作，记述了第二次世界大战苏德战场的许多著名战役，并阐述了他的军事思想。

知识链接

——假如我知道前进的路上有雷区，我也会让部队直接开过去。

——我可以做任何工作，指挥一个师，一个军，一个集团军，一个方面军——只要祖国需要。

——人员、武器、军事思想，这是一支军队的三个基本要素。

——如果你们不会，我们教你；如果你们不想学，我们强迫你学。总之，你要成为一名优秀的坦克手。

轶事

苏联元帅朱可夫善于细心观察，甚至对微不足道的小事也不放过。正是这一

点，使他创造了一个又一个战场奇迹，立下了不朽功勋，从士兵升为了元帅。

1945年春，大势已去的德军败退到奥得河——尼斯河西岸一线。但是，希特勒并不甘心失败，他集中了100万人的兵力，1万门火炮、迫击炮，3300架飞机和1500辆坦克，企图在此负隅顽抗，阻止苏军攻占柏林。

事实上，当时纳粹德国已经没有了任何退路。他们势必会拼死战斗，因此此时比任何时候都危险。

当时，与希特勒对阵的是朱可夫将军，他何尝不知道这点。而且，他还担负着在屈斯特林登陆场实施主攻的艰巨任务。这是德军最为坚固的工事。因而，朱可夫在思索如何以最快的速度和最小的伤亡突破敌人防线。但一时之间也没有好办法。

一天晚上，他呆呆地望着窗外的灯光，忽然，从远处驶来了一辆汽车，灯光把整个军营都快照亮了。朱可夫将军一拍脑门，说道："有了，何不用探照灯呢？这样不但能威慑敌人，又可以防止苏军因为天黑出现混乱。"想到这里，他急忙命人找到了大批量的探照灯，在黎明前发起进攻。

霎时，苏军把一百四十多部探照灯连同所有坦克和卡车的车灯都一齐打开，耀眼的电光同时射向德军前沿阵地，照得德军眼花缭乱，乱作一团，甚至看不清苏军在哪儿。紧接着，朱可夫命令苏军数千门大炮、迫击炮和"喀秋莎"火箭炮开始猛烈轰击，德军的防御阵地很快陷入一片火海。

这时，步兵和坦克部队在探照灯的掩护下，迅速对敌发起攻击。没多久，苏军就以很小的代价攻克了德军的防御阵地。

启示

只要多动脑筋，多观察生活中的细节，解决困难的方法或许就会被发现。朱可夫在遭遇顽强抵抗的时候，巧妙地使用了探照灯，成功地打败了敌人。

比尔大叔——斯利姆

威廉·约瑟夫·斯利姆（1897—1970），英国军事指挥官和第十三任澳大利亚总督。第一次世界大战中，斯利姆被派到皇家沃威克郡步兵团任少尉。在第二次世界大战期间的缅甸战役中担任英国和英联邦军队司令。1945年，升任东南亚战区盟军地面部队司令。1946年，斯利姆回到英国担任帝国国防学院院长。1947年，他离开军队担任英国铁路委员会副主席。1948年，斯利姆被召回服

现役，出任帝国总参谋长。1953年，斯利姆被封为子爵并奉女王之命出任澳大利亚总督。1956年，斯利姆出版回忆录《转败为此》。1998年英国《焦点》月刊评“世界十大军事统帅”，斯利姆位居十大统帅之首。

斯利姆的军事指挥艺术是英美陆军将领中比较少见的以奇、巧制胜的类型，尽管在反攻缅甸的各个战役中，他所指挥的十四集团军在数量、兵器上与日军相比，拥有一定的优势，但是斯利姆并不纯依靠数量优势去压垮对方，他指挥的战役具有欧洲17、18 世纪名将的特点：将英军擅长的阵地战和巧妙的机动结合起来，而在形势需要的时候，又能表现出像现代装甲将军那样坚决的突进和追击。但研究斯利姆各个战役，给人的总体感觉不像蒙哥马利那样谨慎。

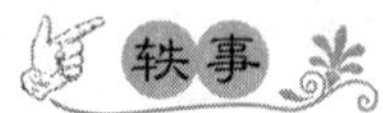

1944年2月，日军开始大举进攻，盟军在斯利姆率领下一次次打退了敌人的进攻。日军久攻不下，飞机大炮轮番轰炸，盟军的阵地陷入了一片火海。等炮击之后，斯利姆从土堆中爬出来，大声喊道：“日军马上就要进攻了，小伙子们，抖起精神来，绝对不能让日军夺走一寸阵地。”士兵们纷纷抖落身上的泥土，开始猛烈地阻击日军。

就这样，战斗持续了整整三个星期，日军终究因伤亡惨重而被迫停止了进攻。盟军阵地上，战士们欢呼雀跃，尽管他们失去了很多的战友，但是艰苦的打击终于赢来了胜利，这对他们来说比活着更加兴奋。

斯利姆大声说：“我们打败了日军，我们还要重新占领缅甸，因而，我告诉你们，我们要抓住机会，必须大量歼灭日军敌对力量。”

“打回缅甸去！打回缅甸去！”战士们大声喊叫着。

没过多久，日军开始猛攻英帕尔和科希马。战场形势一度非常不利，盟军吃了不小的亏，但是，在斯利姆领导下，盟军迅速恢复了士气，他不断鼓励士兵们，他说：“我们的胜利是迟早的事情，只是个时间问题，因而我们一定要有必胜的信心。同时，我告诉你们，蒙巴顿将军正率军赶来支援我们，只要我们坚守阵地，一定能将日军打垮！”

于是，士兵们个个摩拳擦掌，猛烈打击进攻的日军。日军屡次进攻都被打压下去。就在这个时候，斯利姆喊道：“小伙子们，我知道你们已经筋疲力尽了，现在拿起你们的枪，端着你们的刺刀，狠狠地去杀敌吧。将日军打退到钦敦江的另一边去。”

在他的命令下，战士们冲出了战壕，洪水一样向日军压了过去。

这次战役，参战的10万日军中有5万3千人被毙伤或打散；参战的3个日军师团中有2个师团失去战斗力。这是日军历史上最大的一次陆地战败，日军战无不胜的神话破灭了。

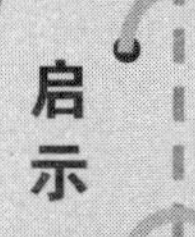

启示

一个人的伟大不是他的成就有多大，而是经受得起挫折，遭遇失败不气馁，从哪里跌倒就从哪里站起来。斯利姆就很好地证明了这一点。

第10章 天赋异禀的画家们

他们是艺术家，在艺术的道路上辉煌过，接受过鲜花和掌声。但是他们为此付出了巨大的代价。他们中间，有的人牺牲了自己的爱情和婚姻，有的人失去了亲人和朋友；甚至有人为此走入精神的桎梏，付出了生命的代价，只为了在绘画的道路上走得更远，站得更高。然而，就是这些人，创造了许许多多的美。那么，他们的成功历程到底是怎么样的呢？他们到底如何战胜自我，实现完美超越呢？这正是这一章我们要告诉你的。

天才艺术家——达·芬奇

列奥纳多·达·芬奇（1452—1519），意大利文艺复兴时期第一位画家，也是整个欧洲文艺复兴时期最杰出的代表人物之一。他是一位学识渊博、多才多艺的艺术大师、科学巨匠、文艺理论家、哲学家、诗人、音乐家、工程师和发明家。他与米开朗基罗和拉斐尔并称“文艺复兴三杰”，也被称为“文艺复兴时代最完美的代表”，是“第一流的学者”，是一位“旷世奇才”。他的艺术实践和科学探索精神对后代产生了重大而深远的影响。达·芬奇过去与现在都主要以画家著称，并以其画作极强的写实性和影响力闻名。在他的作品中，《蒙娜丽莎》和《最后的晚餐》最为著名。

知识链接

——运动是一切生命的源泉。

——愚昧将使你达不到任何成果，并在失望和忧郁之中自暴自弃。

——无论掌握哪一种知识，对智力都是有用的，它会把无用的东西抛开而把好的东西保留住。

——人的美德的荣誉比他的财富的荣誉不知大多少倍。之所以没在我们的记忆中留下一丝痕迹，就因为他们只想用庄园和财富留名后世。岂不见多少人在钱财上一贫如洗，但是美德上却是豪富呢？

轶事

少年时候的达·芬奇非常聪明，而且从小就表现出绘画方面的天赋。他经常抽闲暇时间为邻居们作画，有“绘画神童”的美称。达·芬奇的父亲皮埃罗是当时有名的律师，因而一直希望达·芬奇将来能和自己一样，做一名律师，可是后来发生的一件事情让皮埃罗改变了想法，决定让达·芬奇学画。

当时，皮埃罗受一位农民的委托，要画一幅盾面画。他听周围的人赞许自己的儿子是个绘画的天才，于是想借此考验达·芬奇的绘画基础，于是就把这个任务交给了他。事实上，他并没有对此抱多大的希望。

达·芬奇自从接到父亲交给的任务之后，就把自己锁在了屋子里，废寝忘食地画了起来。整整一个月的时间，他几乎没有出过那间屋子，终于画出了一个骇人的妖怪。这个妖怪长着火球般的眼睛，张着血盆大口，鼻孔中喷出火焰和毒气，样子十分恐怖。

作品完成后，达·芬奇请父亲到他的房间里来看画。他把窗遮去一半，将画架竖在光线恰好落在妖怪身上的地方。皮埃罗刚踏进房间，看到了这个面目狰狞的怪物，吓得大叫起来。看到父亲出了洋相，达·芬奇笑着说："这就是我的画作，看来收到了不错的效果。"

从那以后，皮埃罗确信儿子有绘画天赋，便将小芬奇送往佛罗伦萨，师从著名的艺术家委罗基奥，开始系统地学习造型艺术。

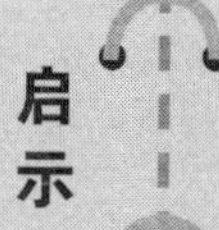
启示

要想获得别人的认可，那就要表现出你有这方面的天赋，用事实征服对方。达·芬奇就用事实证明了自己，从而促使父亲改变了想法。

文艺复兴的艺术巨匠——米开朗基罗

米开朗基罗·博那罗蒂（1475—1564），文艺复兴时期杰出的雕塑家、建筑师、画家和诗人，全世界文明的艺术家。与达·芬奇和拉斐尔并称"文艺复兴艺术三杰"，以人物"健美"著称，即使女性的身体也描画得肌肉健壮。他的雕刻作品"大卫像"举世闻名。他最著名的绘画作品是梵蒂冈西斯廷礼拜堂的《创世纪》天顶画和壁画《最后的审判》。作为文艺复兴的巨匠，他一生追求艺术的完美，坚持自己的艺术思路，以他超越时空的宏伟大作，在生前和后世都造成了无与伦比的巨大影响，他的风格几乎对三个世纪的艺术家产生了影响。

知识链接

——一千次欢乐也抵不上一次痛苦。

——终于从大理石的牢狱中解放出来了。

——烦恼使我受着极大的影响……我一年多没有收到月俸，我和穷困挣扎；我在我的忧患中十分孤独，而且我的忧患是多么多，比艺术使我操心得更厉害！

——睡眠是甜蜜的，成了顽石更是幸福，只要世上还有羞耻与罪恶存在着的时候，不见不闻，无知无觉，便是我最大的幸福，不要来惊醒我。

米开朗基罗曾在佛罗伦萨雕刻了一尊石像，由于那尊雕像要放在城市的显要位置，因而，米开朗基罗从构思、手法上竭尽全力。经过将近两年的创作，终于完成了作品。在展出时，佛罗伦萨万人空巷，民众对他的创作叹为观止。

后来，政府官员前来观看，很多权贵跟在市长后面窃窃私语，等待市长发表意见。市长煞有其事地看了一眼雕塑，说："作者来了吗？"

很快，米开朗基罗被请到了市长的面前，市长说："石匠，我觉得这座石像的鼻子低了点，影响了整座雕像的艺术氛围。"

米开朗基罗早就看出市长胸无点墨，根本不懂得欣赏艺术，但是为了在民众面前表现自己，故意挑毛病来显示自己有品位。但是他并没有驳市长的面子，只是行了礼，说："尊敬的市长先生，我一定会按照您的要求加高石像的鼻子的。"

说完，米开朗基罗便让助手取出工具，提着石粉对石像的鼻子进行加工。事实上，他只是在雕像的鼻子上抹了些石粉，过了一会儿，他再次来到市长的面前，说："尊敬的市长先生，我已经按照您的要求加高了石像的鼻子，您看看，现在还满意吗？"

市长看了点了点头，说："现在好多了，这才是完美的艺术。"

市长走后，米开朗基罗的助手百思不得其解，问："先生，你只是在石像的鼻子上抹了三把石粉，石像的鼻子根本没有加高啊。"

米开朗基罗笑了笑，说："可是，市长认为它已经增高了啊！"

启示

对于外行来说，他们的指点或许并无益于艺术的提高，但是也要满足他们的"好为为师"的心理，尤其对于一些地位高的人来说更应该如此。

伟大艺术家——拉斐尔

拉斐尔·桑蒂（1483—1520），意大利画家，建筑师，与达·芬奇和米开朗基罗合称"文艺复兴艺术三杰"。他的作品博采众家之长，形成了自己独特的风格，代表了当时人们最崇尚的审美标准，代表了文艺复兴时期艺术家从事

理想美的事业所能达到的巅峰。拉斐尔的画以“秀美”著称，画作中的人物清秀，场景祥和。主要代表作品有壁画《西斯廷圣母》《真理的辩论》《雅典学派》《基督被解下十字架》《椅中圣母》《草地上的圣母》等。

——所谓了解是彼此的程度相等。

拉斐尔的启蒙老师正是他的父亲。后来，父亲去世之后，他离开了家乡乌尔宾诺，来到北意大利安布利亚地区的裴路基亚城，拜在了著名的画家佩鲁基诺的门下学习绘画。

时间不知不觉过去了三年。一天，佩鲁基诺叫来了拉斐尔，对他说：“拉斐尔，你认真听着，我今天说的话对你非常重要。”

拉斐尔认真地点了点头。

佩鲁基诺说：“现在你已经学到了色彩感觉与透视原理，绘画技巧相当成熟，才能已经远远超过了我。我不想让这个小地方拖住你，你应该到大师云集的佛罗伦萨去，只有到了那里，你才能得到你想要的东西。”

拉斐尔说：“老师，我还没有学够呢，我舍不得离开你。”

“拉斐尔，你已经非常优秀了，以我的才能根本已经教不了你什么了，你留在这里只能是虚度光阴。放心地去吧，我将为你做引见，让你尽快融入画家群里。”老师回答道。

见佩鲁基诺态度坚决，拉斐尔只好点点头答应了。

在老师佩鲁基诺的引导下，拉斐尔很快跨进了佛罗伦萨的艺术大门，他急切地汲取着大师们作品中的成就，虚心地向达·芬奇和米开朗基罗请教。

后来，拉斐尔觉得自己有了一定的实力，可以走向更高的艺术殿堂了。于是，他来到了罗马，毛遂自荐把自己推销给了教皇朱理二世。很快，教皇就被拉斐尔的绘画艺术所征服了。教皇向拉斐尔下了圣旨，要他和罗马和意大利最优秀的艺术家一起，为美化罗马而工作。

很快，之前为教皇服务的画家们全部被辞退了，因为教皇觉得罗马只要有拉斐尔和米开朗基罗就足够了。

启示

谦虚是种美德。因为它会帮助你放低姿态，获得他人的帮助。故事中的拉斐尔就非常地谦虚，获得了佩鲁基诺帮助，从而更为便捷地走上了自己的艺术之路。

天才画家——梵·高

文森特·威廉·梵·高（1853—1890），荷兰后印象派代表性画家，画风写实，受到荷兰传统绘画及法国写实主义画派的影响。代表作有《食土豆者》《塞纳河滨》等。后来，结识印象派和新印象派画家，并接触到日本浮世绘的作品，视野的扩展使其画风巨变，他的画，开始变得简洁、明亮和色彩强烈。梵·高的作品，如《星夜》《向日葵》与《有乌鸦的麦田》等，现已跻身于全球最著名与珍贵的艺术作品的行列。他是表现主义的先驱，并深深影响了野兽派与表现主义。

知识链接

——我总是全力以赴地画画，因为我的最大愿望是创造美的作品。

——不少画家害怕空白画布，但空白画布也害怕敢冒风险的、真正热情的画家。

——在我的生活与绘画中，我可以不要上帝，但是像我这样的笨人，却不能没有比我伟大的某种东西，它是我的生命——创造的力量。

——人们不能肯定地预告什么，但是，如果有谁能够进行分析，他就可以发现，本世纪最伟大与最优秀的人，总是顽强的工作，总是以个人主动地创造精神工作。

轶事

这一年，梵·高回家探亲，在舅舅家见到了刚刚成为寡妇的表姐凯。对于梵·高的到来，凯表现得热情而又大方，这让梵·高为之深深陶醉。

之前，梵·高遭到了尤金妮亚的拒绝，而此时却为之而庆幸。他觉得，自己过去的爱真是太肤浅了。凯使他重新认识了爱情，理解了爱的真谛。然而，让梵·高伤心不已的是，凯对他几乎没有任何兴趣。而且，在他们的聊天中，凯会有意无意地回避爱情和婚姻的话题，从来不给他任何表白的机会。

有一天中午，他们吃完饭在小溪旁的树荫下休息，梵·高终于忍不住向凯吐露了自己的心声，但是，听到梵·高表白的凯很愤恨地离开了。

尽管遭到了凯的拒绝，但是梵·高并没有因此而放弃，而是壮着胆子去舅舅家找表姐。舅舅得知事情的经过之后，不肯为梵·高开门。舅舅反复告诉他，凯不在家里。可是梵·高固执地相信是舅舅阻止他和表姐见面。

为了能见到凯，梵·高不知从哪里拿来一盏煤油灯，将自己的手放在煤油灯的火苗上烤，尽管疼得龇牙，但是却不肯拿去。他对舅舅说："我的手在灯上烤多久，你就得让我见她多久。"

舅舅见状，跑过来，踢倒了油灯，并将梵·高带到了附近的一个酒吧，将他灌醉。可是，即便如此，梵·高依然坚持非要见到表姐凯。舅舅很愤怒地告诉梵·高："你永远不可能跟她在一起，你就死了这条心吧。"

巨大的悲伤充斥着梵·高的心，使他的身体和精神都备受摧残。

启示

学会放弃有时候也不是坏事。过于执著会把自己逼向绝路。故事中的梵·高就是过于执著，让自己的身心一次次地被伤害。

现代艺术大师——毕加索

毕加索（1881—1973），西班牙画家、雕塑家。法国共产党党员。现代艺术（立体派）的创始人，西方现代派绘画的主要代表，是当代西方最有创造性和影响最深远的艺术家之一。他对二十世纪的艺术史有着浓墨重彩的一笔，人们称他为"人类艺术史上罕见的天才"。毕加索是少数能在生前"名利双收"的画家之一。在西班牙内战和纳粹占领法国期间，毕加索坚定地站在民主和进步势力一边，积极参与反法西斯斗争。

知识链接

——无论我在失意或是高兴的当儿，我总按照自己的爱好来安排一切。一位画家爱好金发女郎，由于他们和一盘水果不相协调，硬不把她们画进他的图画，那该多别扭啊！我只把我所爱的东西画进我的图画。

——以往，绘画是按累进的方式逐步来完成的，每天产生一些新的东西。因之，一幅画是一个加法的总和。至于我，一幅作品如同个减法的得数。我完成一幅画，接着就把它毁坏掉。但是归根到底，什么也没有损失，犹如我抹掉的一部分红色，它将在另一个部位重新出现。

毕加索从小就有很高的艺术天赋，在没有人教授的情况下，他就会做各种各样的剪纸，而且做得惟妙惟肖。除此之外，他还创作了许多惊人的绘画作品。邻居们都对他赞赏有加，常常称他为“天才”。

然而，让人无法想象的是，这样一个天才少年却不是一个优秀的学生，相反，他在功课方面一塌糊涂，上课对他来说就是巨大的折磨，他常常因为在上课时间无边无际地幻想，看着窗外的大树和鸟儿走神，被老师叫起来出洋相。于是他成了同学们捉弄的对象，常常有同学跑到他的座位前捉弄他：“毕加索，二加一等于几？”而毕加索此时往往表现得一脸惊诧。看着毕加索呆呆的样子，同学们哈哈大笑。

很多次，毕加索的爸爸妈妈被老师请到了学校。当着他们的面，老师绘声绘色地描绘毕加索的“痴呆”，母亲听了觉得无脸见人。几乎学校里的所有同学和老师都认为毕加索是一个不折不扣的大傻瓜。只有父亲坚定不移地坚信：毕加索有绘画的天赋。

他对毕加索说：“不会文化知识并不代表你一无是处，在爸爸眼里，你一样是个绘画天才。”看着父亲坚毅的面孔，毕加索找回了一些自信。才华横溢的毕加索总是能轻松自如地画出广受好评的图画，渐渐地他不再自卑。

由于上课不专心，学习成绩上不去，毕加索被学校关禁闭也是常有的事情，禁闭室里只有板凳和空空的墙壁，可是，对于毕加索来说可是个天堂。因为他可以带上一叠纸，在那里自由地绘画。虽然功课不好，但他却在绘画的天地里找到了快乐。

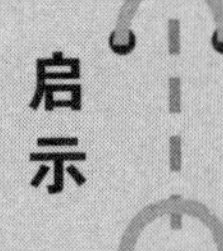

即便孩子表现再差，作为父母，一个鼓励和肯定往往要比批评和指责更加有用。故事中毕加索的父母就是个榜样，毕加索的成功很大程度上得益于此。

后印象派画家——高更

保罗·高更（1848—1903），法国后印象派画家、雕塑家、陶艺家及版画家，与塞尚、梵·高并称“后印象派三杰”。他初期受印象派影响，不久即放

弃印象派画法，走向反印象派之路，追求东方绘画的线条装饰性和的明丽色彩。高更的作品趋向于“原始”的风格，其用色和线条都较为粗犷。他的画作充满大胆的色彩，在技法上采用色彩平涂，注重和谐而不强调对比，高更的作品中往往充满象征性的人与物。代表作品有《讲道以后的幻景》等。

知识链接

——艺术家是抽象的东西。

——有色彩的绘画将进入一个音乐的时代。

——一个人当他还没有搞明白一幅画所表现的是什么之前，他也会立即被其富有魔力的色彩和谐所吸引。

——一旦尝到伟大艺术的精髓以后，再也无法抽身，必将永远为它牺牲，为它工作，永不弃绝。

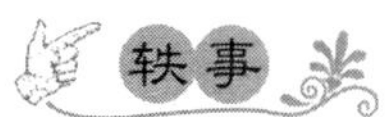

轶事

当高更在法国阿尔遇到了梵·高，他们被彼此的才华所深深吸引，很快成为了好朋友。他们在一起作画，一起谈论艺术。两位希望抛弃一切，准备为世人留下“一份新艺术的遗嘱”。

然而，梵·高是个内向的人，调色刀拿上手，在画布上点点戳戳，尽情地表露自己的情绪。而高更天性好乐，能说会道，作画时却像一个女子，画笔在布上轻轻一掠而过，留下薄薄一层颜色。彼此不同的性格和作画的方式，导致他们的友谊不会长久。

果然，好景不长。刚开始，他们彼此不理会对方，几个星期之后，两人之间发生了激烈的争吵。随着彼此之间的成见越来越重，争吵也越来越严重。

后来，梵·高创作了一幅作品《舞厅》，他告诉高更，自己的这幅画作借鉴了高更创作的《宣誓》的一些技巧和方法，高更得知后并没有因此而计较。没过多久，肖芬奈克寄来一封信，把高更的画大大赞扬了一番。

梵·高觉得高更抢了自己的风头，随即嫉妒心大发，拿起一只玻璃杯朝高更头上摔去。高更只好悄悄退出了房间。高更觉得无法再和梵·高一起生活，随即准备第二天搬到旅馆去住。第二天一早，他还没有出门，警察就找到了他。原来前一天晚上，梵·高精神病发作，严重自残了身体。

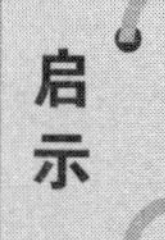

启示

人的嫉妒之心有时候非常可怕，他会将一个人逼疯。梵·高妒忌高更的才华，竟然使自己伤害自身的身体。可见，在生活中，一定要处理好嫉妒的情绪，将它变成正能量。

法国印象主义画家——莫奈

克劳德·莫奈（1840—1926），法国画家，印象派代表人物和创始人之一。印象派的理论和实践大部分都有他的推广。莫奈擅长光与影的实验与表现技法。他最重要的风格是改变了阴影和轮廓线的画法。除此之外，莫奈对于色彩的运用相当细腻，莫奈曾长期探索光色与空气的表现效果，从自然的光色变幻中抒发瞬间的感觉。在有代表性的印象派画家中，唯有莫奈始终如一的将创作热情倾注在印象派技法上。代表作品：《印象·日出》《卢昂的圣母院系列》《睡莲系列》《维特尼附近的罂粟花田》。

知识链接

——蔑视荣誉勋位本身，就是一枚一级荣誉勋章！

——艺术需要简洁，就像说话一样，言辞简洁令人愉悦，啰里啰唆使人厌烦，所以，要永远向简洁的目标努力。

——绘画的主角是光！

轶事

1880年，莫奈和一个名叫霍施黛的寡妇结婚了。这一段日子是莫奈生命中相对安逸和快乐的。他喜爱这个地方，以它入画，并在这里终老。

一天，他和助手在屋后面的一个小山坡上作画，画的主要是夕阳下的干柴堆。很快，一刻钟过去了，光线暗了很多，使他无法继续，他大为苦恼，抱怨道："真是太扫兴了，我还没有画好刚才的那种画面了，现在又变了，真是太气人了。"

助手劝道："刚才的画面结束了，不就意味着现在新的画面又出现了吗？如果你还在抱怨，那么你又会失去现在这种画面的。相对而言，你的损失岂不是更大吗？"

莫奈一拍脑门说："对啊，快，给我拿画布来。"

助手急忙跑进屋里，给他取回了画布。莫奈顾不得满腹抱怨，又伏在案上绘画了。没过多久，他不得不再换一块。著名的"系列"油画就这样产生了。

莫奈一年四季，晨昏早晚都画这个干草堆，出门时带着十几块画布，随光线或天气的改变而一块块地换着画。

一次，女儿问道："亲爱的爸爸，你为什么一年四季都在画这个干草堆呢？难道你经常看着它不觉得乏味吗？"

莫奈摸着女儿的头说："对于我来说，他们每时每刻都是不一样的，所以，我要持续不断地记住他们的状态。"

女儿摇着头说："爸爸，你真奇怪。为什么不去画别的东西呢？比如那座卢昂市哥德式大教堂，不是很好吗？还有池塘里各色各样的莲花，它们那么漂亮，难道不值得你去画吗？"

莫奈点了点头说："好啊，爸爸答应你，换个对象去画，就画你刚才所说的卢昂市哥德式大教堂，还有池塘里的莲花。"

就这样，莫奈又用同样的方法画卢昂市哥德式大教堂的正面，画了两年。

启示 把看似简单的事情多做几遍，你会发现其中的奥妙所在，很多人的伟大或许就在于此。故事中的莫奈就是这样成功的。

俄国写实主义画家——列宾

伊里亚·叶菲莫维奇·列宾（1844—1930），19世纪后期伟大的俄罗斯批判现实主义绘画大师，巡回览画派重要代表人物。1873开始，先后用了三年时间在意大利及法国旅行，研究欧洲古典及近代美术。回国后勤奋作画，创作了大量的历史画、风俗画和肖像画，表现了人民的贫穷苦难及对美好生活的渴望。他的画作如此之多、展示当时俄罗斯社会生活如此广阔和全面，是任何一位画家都无法与之比拟的。他的画风以写实主义为主，代表作有《伏尔加纤夫》《宣传者被捕》《意外归来》《查波罗什人复信土耳其苏丹》《托尔斯泰》等。

知识链接

——没有信仰，则没有名副其实的作品。

——灵感，不过是顽强地劳动而获得的奖赏。

——灵感是个不喜欢拜访懒汉的客人。

轶事

1861年深秋，俄罗斯著名画家列宾度过了他17岁的生日。

这天，一位镀金师傅找到列宾，对他说："列宾先生，我打算外出工作，我想让你陪伴我一起去，不知你是否有兴趣。"

列宾笑着说："好啊，我也正有想出去挣钱的打算。正好，咱们两人做个伴儿，彼此也有个照应。"

于是，他们结伴而行，走村串乡，打起了零工。他们的工作主要是为教堂描绘圣像，虽然活儿很苦，而且每人每月只能挣到十几个卢布，但是他们却干得很开心。

这天，他们来到了一个叫做卡敏卡的村子。老板尼库林先安置好了镀金师傅的住处，接着又把列宾领进一间空荡荡的大屋子，说："小师傅，你就住这儿吧！"

列宾环视了一下屋内，只见满屋子的灰尘，桌上、地上铺着厚厚的一层，墙上的蜘蛛网结成了连环扣。最为刺眼的是，墙角里还放着一口乌黑的棺材，让人不由自主产生一种阴森恐怖的感觉。

就在列宾环视四周的时候，一位女仆走了进来，她告诉列宾，这口棺材曾装过一位老太婆，她现在还活着，而且已经活过了100岁。那是在15年前，她得了一种急病，人们以为她死了，举行完添油仪式后就把她装进了棺材。谁知，她却忽然间从棺材里爬了出来，把周围的人都吓跑了。从那以后，这间屋子再也没人敢进去了。

女仆讲的故事不但没有唬住列宾，反而把他给逗笑了。他满不在乎地说："这有什么可怕的，又没有死人，不就一个棺材吗？有什么可怕的啊。我在这儿住定了！"说罢，就打扫起房间来了。就这样，列宾每天都守着空棺材吃饭、睡觉，看不出一点儿害怕的样子。

女仆很是吃惊，逢人就说："这孩子真是吃了豹子胆啊！"

启示

对于很多迷信讹传，不要恐惧。因为恐惧来源于你的内心。只要内心强大，任何事情都不会吓倒你。故事中的列宾并没有被女仆所讲的故事吓坏，原因是他根本不相信鬼怪。

音乐家是人类灵魂的工程师。他们中间有失聪的乐圣贝多芬，有歌曲之王舒伯特，有钢琴诗人肖邦，等等。他们的一生为音乐而生，为音乐而狂。在音乐创作的历程中，很多闻名世界的作品都是在不经意间完成的，甚至遭遇过瞬间消失的厄运。但是，就是在这些偶然间成就的作品才让艺术更加真实。在这一章，我们一起来了解他们在音乐之路上的成功和失败，品味他们的哀伤和欢乐吧。

乐圣——贝多芬

路德维希·凡·贝多芬（1770—1827），著名的作曲家、钢琴家、指挥家，维也纳古典乐派代表人物之一。他创作了9首编号交响曲、35首钢琴奏鸣曲、10部小提琴奏鸣曲、16首弦乐四重奏、1部歌剧、2部弥撒等。贝多芬继承了德奥作曲家巴赫、海顿和莫扎特的音乐精髓，将古典主义音乐在形式方面做到了极限。贝多芬的音乐可谓是西方浪漫主义音乐的典范及开源之作。在东亚，贝多芬被尊称为乐圣，代表作品有《命运交响曲》《月光曲》《第十交响乐》《暴风雨》《热情》等。

知识链接

——智慧，勤劳和天才，高于显贵和富有。

——卓越的人的一大优点是：在不利和艰难的遭遇里百折不挠。

——对你们的孩子要教之以德性，只有德性，而不是金钱，才能使人幸福，这是我的经验之谈。

——我的箴言始终是：无日不动笔；如果我有时让艺术之神瞌睡，也只为要使它醒后更兴奋。

——我愿证明，凡是行为善良与高尚的人，定能因之而担当患难。

轶事

有一年，贝多芬到各国巡回演出，秋天时，他来到莱茵河边的一个小镇上。一天夜晚，他在幽静的小路上散步，隐隐约约听到断断续续的钢琴声，仔细一听，琴声是从一所茅屋里传出来，弹的正是他的曲子。

贝多芬悄悄地靠近了茅屋，就在这个时候，琴声突然停止了。只听到一个姑娘说："这首曲子真是太难弹了，我只是听别人弹过，我可总是记不住，要是能听一听贝多芬自己是怎么弹的，那该有多好啊。"

"是啊，可是音乐会的门票实在太贵了，我们一贫如洗，根本买不起。"一个男人哽咽着说。

见哥哥为此伤心，女孩说："哥哥，你不要放在心上，我只是随便说说而已。"

听到这里，贝多芬推开门轻轻地走了进去。茅屋里点着一支蜡烛。在微弱的烛光下，男的正在做皮鞋。窗前有架旧钢琴，前面坐着一个十六七岁的姑娘，脸很清秀，可是眼睛失明了。

男人见有陌生人进来，站起来问道："先生，你找谁啊？你是不是走错门了？"贝多芬回答说："不，我是特意弹奏一首曲子给这位姑娘听的。"

姑娘连忙让开了座位。贝多芬坐在钢琴前面，弹起盲姑娘刚才弹的那首曲子。盲姑娘听得入了神，一曲弹完，她激动地说："弹得多完美啊！蕴含的感情真是太真挚了！您，您不会就是贝多芬先生吧？"

贝多芬没有回答，他问盲姑娘："您爱听吗？我再给您弹一首吧。"

一阵风把蜡烛吹灭了。月光照进窗子，茅屋里的一切好像披上了银纱，显得格外清幽。贝多芬望了望站在他身旁的兄妹俩，借着清幽的月光，按起了琴键。

皮鞋匠静静地听着。他好像面对着大海，月亮正从水天相接的地方升起来……

兄妹俩陶醉了，等他们反应过来，贝多芬早已离开了。他飞奔回客店，花了一夜工夫，把刚才弹的曲子，记录了下来，这就是著名的《月光曲》。

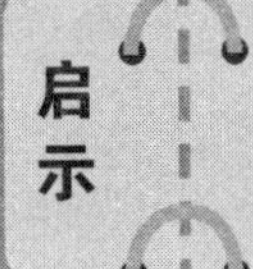

启示

在为盲女演奏的时候，贝多芬灵感突现，从而创作出了伟大的音乐《月光曲》。如果这个时候他稍有疑虑，或许这首伟大的作品就不会诞生。

音乐神童——莫扎特

沃尔夫冈·阿马德乌斯·莫扎特（1756—1791），奥地利作曲家，欧洲最伟大的古典音乐作曲家兼演奏家之一，也是维也纳古典乐派的代表人物，钢琴协奏曲的奠基人。作为古典主义音乐的典范，他对欧洲音乐的发展起了巨大的作用。他所留下的重要作品总括当时所有的音乐类型。莫扎特不仅是古典音乐的杰出大师，更是人类历史上极为罕见的音乐天才，有"音乐神童"的美誉。代表作品有《唐璜》《费加罗的婚礼》《K525小夜曲》《小步舞曲》《土耳其进行曲》《安魂曲》《魔笛》等。

知识链接

——有许多人是用青春的幸福作为成功的代价的。

——你们都看到了我的天分，但看不到我的勤恳。

——世上最可贵的是时间，世上最奢靡的是挥霍时光。

——我将会在旋律中生活，也将会在旋律中逝去。音乐成了我的生命。

——生活的苦难压不垮我。我心中的欢乐不是我自己的，我把欢乐注进音乐，为的是让全世界感到欢乐。

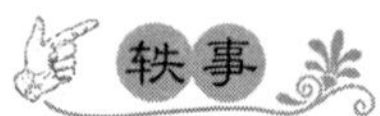

轶事

有一次，莫扎特的父亲带着朋友来家里做客。看到只有4岁的莫扎特正聚精会神地趴在五线谱上写东西，父亲笑着问道："嗨，莫扎特，你在写什么呢？"

莫扎特抬起头，认真地看着他说："爸爸，我在作曲呢。"

父亲笑着说："好啊，让我来看看我的小天才是怎么作曲的。"说着，拿起纸上歪七扭八的音符看了一眼，忽然兴奋地对客人喊道："噢，亲爱的，你快来看，竟然丝毫没有错误，真是个奇迹！"

也就是从这个时候起，父亲坚信莫扎特在音乐方面有与生俱来的天赋，于是决定从小对他进行音乐教育。父亲在教小莫扎特音乐时是本着循序渐进的原则进行的。刚开始只交给他一些简单的曲子，但是莫扎特的记忆力非常强，许多曲子听一遍就完全记在了心里。

父亲总是担心莫扎特的负担过重，因而并没有过早地教他作曲。可是，仅仅只有5岁的莫扎特看着父亲写乐谱，也开始试着作曲。

一天，父亲见莫扎特把自己关在屋子里很久都不出来，于是推开门去探个究竟，见莫扎特正伏在桌子上写着什么，父亲悄悄地一看，原来莫扎特正在专心致志地作曲呢。父亲拿起来一看，大惊失色，莫扎特正在创作钢琴协奏曲。父亲看了看说："很不错，只是，我不得不告诉你，你所创作的钢琴协奏曲并不能演奏啊！"

小莫扎特生气地回答说："我知道，哪个曲子在演奏前不要修改呀！"父亲竟然被反问得说不出话来。只好笑着说："好啊，只要你想学，爸爸从现在起，就教你作曲。"

莫扎特高兴地说："爸爸，你真的要教我作曲了吗？真是太好了，你可要说话算话啊，可不能骗我。"

父亲抱起了莫扎特，刮着他的鼻子说："说话当然算话了，爸爸什么时候骗过你啊。”

启示 对于孩子感兴趣的事情，作为父母不妨加以引导，或许他们就能有所作为。莫扎特的父亲就是这样做的。于是，造就了莫扎特这样的音乐大师。

俄国音乐大师——柴可夫斯基

彼得·伊里奇·柴可夫斯基（1840—1893），19世纪伟大的俄罗斯作曲家、音乐教育家，俄罗斯民族乐派的代表人物，被誉为伟大的俄罗斯音乐大师；他的音乐是俄罗斯文化在艺术领域内的最高成就之一；其风格直接和间接地影响了很多后者。柴可夫斯基的创作之中洋溢着强烈的民族意识和民主精神。他的音乐的基调是以民歌和民间音乐为基础的。柴可夫斯基还采用了不少俄国和其他国家的名著作为创作的题材，而且能够把原著的精髓发挥得淋漓尽致。主要音乐作品有六部交响曲、三部钢琴协奏曲、小提琴协奏曲、幻想序曲《罗密欧与朱丽叶》、音乐会序曲《1812》、歌剧《叶甫根尼·奥涅金》《黑桃皇后》、芭蕾舞剧《天鹅湖》《胡桃夹子》《睡美人》等。

知识链接

——灵感全然不是漂亮地挥着手，而是如犍牛般竭尽全力工作的心理状态。

——不是血肉的联系，而是情感和精神的相通使一个人有权利去援助另一个。

——意见和感情的相同，比之接触更能把两个人结合在一起，这样子，两个人尽管隔得很远，却也很近。

在法学院上学时期，柴可夫斯基暗恋上了后来成为法国女歌手的狄希耶·雅朵。但是雅朵很快结婚了，所以这段没有来得及表白的感情自然不了了之了。后来，柴可夫斯基来到了莫斯科音乐学院教书，他的才华让众多的女生为之倾倒，其中有一个叫做安东妮雅·米露可娃的女学生，拼命追求起他来。她给柴可夫斯基写了大量的情书，而且扬言非他不嫁，甚至以死威胁。

尽管柴可夫斯基根本不记得自己所教的班上有这样一位学生，但是安东妮雅相当执著，并没有因为柴可夫斯基的拒绝而放弃。过了一段时间，柴可夫斯基逐渐迷上了普希金的诗作，正打算改编成歌剧。由于诗作中的主角尤金年轻时拒绝了塔琪安娜以致后来生活在悔恨当中，入戏太深的柴可夫斯基将自己想成尤金，认为自己不应回绝这段感情。

于是，他开始动心了，和安东妮雅建立了恋爱关系，开始了正式的交往。很快，他们于1877年7月步入了婚姻的殿堂。可是蜜月还没有结束，柴可夫斯基就后悔了。在他们回到莫斯科的时候，他几乎崩溃。朋友们从他们的争吵声中知道两人的感情不好。

在结婚后的第二周，柴可夫斯基痛苦万分，他企图在冰冷的莫斯科河中自杀，但是随后因为受不住寒冷而放弃，也因此染上严重的肺炎。他不得不逃离到圣彼得堡。

在那里，柴可夫斯基整整昏迷了两天，医生建议他要彻底改变现在的生活状态，让他尝试改变婚姻状态，再也不要见他的新婚妻子。从那以后，他再也没有见过安东妮雅，只是每月给她寄去生活费。

启示 在面对婚姻的抉择时，一定要慎重，否则给你带来的将是无穷尽的伤害和痛苦。故事中的柴可夫斯基就是婚姻的牺牲品。

歌曲之王——舒伯特

弗朗茨·泽拉菲库斯·彼得·舒伯特（1797—1828），奥地利作曲家。他是早期浪漫主义音乐的代表人物，也被认为是古典主义音乐的最后一位巨匠。舒伯特的创作生涯虽然很短暂，却给后人留下了大量的音乐财富，为世界音乐宝库增添了耀眼的光辉，在音乐史上被誉为“歌曲之王”。他总共写下十四部歌剧、九部交响曲、一百多首合唱曲、五百六十七首歌曲等近千件作品。其中最著名的有：《未完成交响曲》、《C大调交响曲》、《死神与少女》四重奏、《鳟鱼》五重奏、声乐套曲《美丽的磨坊姑娘》、《冬之旅》及《天鹅之歌》等。

——我的音乐作品是从我对音乐的理解和对痛苦的理解中产生的，而那些

从痛苦中产生的作品将为世人带来欢乐。

——一个不懂得音乐的人，是很难快乐起来的。

舒伯特思路敏捷，有人形容他的乐曲是“流出来”的。

一天，舒伯特和朋友在维也纳郊外悠闲地散步，他们聊起了音乐，而且聊得非常投入。不知不觉，天色暗了下来，他们来到了路边的一家小酒馆里。此时，恰巧舒伯特肚子有点饿，于是他们点了饭菜和酒。

酒店尽管不大，但是装饰得非常典雅，此时，前来用餐的人也很多。因而，他们的饭菜似乎一时半会还上不来。这让舒伯特很不高兴，几次催促酒店的服务员。朋友见状，笑着说：“舒伯特先生，稍安勿躁，既然来了，为什么不能耐心地多等一会呢？”舒伯特在朋友面前出了丑，只好尴尬地笑了笑。

无事可做，只好转移注意力。他低头一看，见餐桌上放着一本莎士比亚的诗集，于是拿起来朗读了起来。慢慢地他觉得有了灵感，想要创作的冲动非常强，于是对朋友说：“很好的旋律就要出来了，可是没有纸笔来记载，这可怎么办呢？”

朋友知道舒伯特临场创作的能力很强，只要有灵感，往往能创作出非常优秀的作品。于是急忙拿起餐桌上的菜单，反过来画了五条线递给他。舒伯特伏在桌子上，洋洋洒洒地创作了起来。他似乎进入了一个忘我的境界，完全听不到周围的喧闹。

很快，饭菜好了，可是舒伯特占了餐桌，朋友只好让服务员把酒菜先放到一边，耐心地等着。等舒伯特创作完毕之后，已经是深夜了，酒店正在等着打烊呢。此时的舒伯特欣喜若狂，哪里还记得肚子饿呢。

这首曲子便是著名的《听！听！云雀》。

启示

舒伯特和朋友在吃饭的时候，因为饭菜上得慢而不悦。但是在静下心来去做些什么后，却找到了创作的灵感。可见，生活中的等待和一些烦恼，并非是无用的存在，只要你把握好自己的心和情绪，静待事情的发生，说不定会有意外的收获。

钢琴诗人——肖邦

弗雷德里克·弗朗索瓦·肖邦（1810—1849），波兰作曲家和钢琴家。肖邦从小就表现出非凡的艺术天赋，6岁开始学习音乐，7岁时就创作了波兰舞曲，8岁登台演出，不足20岁已出名。他是历史上最具影响力和最受欢迎的钢琴作曲家之一，是波兰音乐史上最重要的人物之一，是欧洲19世纪浪漫主义音乐的代表人物。肖邦一生的创作大多是钢琴曲，被誉为“钢琴诗人”。

知识链接

——祖国，我永远忠于你，为你献身，用我的琴声永远为你歌唱和战斗。

——纯朴发挥了它的全部魅力，它是艺术臻于最高境界的标志。

——时间是最好的检验，而耐心是最优秀的教师。

轶事

肖邦在音乐上有所造诣之后，来到了巴黎，可是几乎没有人对一个名不见经传的无名小卒感兴趣，巴黎人都在疯狂地痴迷于誉满全城的钢琴家李斯特。

无奈之下，肖邦只好在李斯特的公馆外耐心地等候。这天，他见李斯特要出门，肖邦急忙跑过去拦住了去路。李斯特觉得这个年轻人非常奇怪，说：“你为什么要拦住我的去路啊？”

肖邦急忙鞠了一躬，说：“尊敬的钢琴家李斯特先生，我叫肖邦，学习音乐很多年，也算小有成就，我想得到巴黎人的认可，可是他们只认你这个音乐大家，对我不屑一顾，所以我恳请您的帮忙。”

李斯特对有天赋的音乐人才自然是非常喜欢，听肖邦这么一说，立即将他带到了自己的住所，认真倾听了肖邦的演奏。他说：“真是太精彩了，你在音乐上完全可以和我媲美，只不过你缺少的是一个机会。”

于是，这天晚上，李斯特举行公演。大厅挤满了慕名而来的听众，按照当时音乐会的习惯，演奏过程中灯火全熄。音乐响起来了，没有一丝一毫追求表面效果的东西，听众如痴如醉，认为李斯特的演奏又进入了一个新的境界。

演出结束之后，在听众的狂呼喝彩声中，灯光渐渐亮了起来。然而，站在钢琴旁边的，却是一个陌生的面孔。原来是李斯特在灯火熄灭之际，悄悄地把肖邦换了上来，用这样的方式，把肖邦介绍给了巴黎听众。当巴黎的听众正在为此纳闷之际，李斯特走上了前台，他说：“现在我隆重地向你们介绍一位音乐天才，那就是刚刚为你们演奏的伟大音乐家肖邦先生。”

听众顿时欢呼雀跃起来。从那以后，肖邦被巴黎的听众所认可，他成了和李斯特齐名的音乐大家。

启示

在你不够强大的时候，不妨选择站在巨人的肩膀上。故事中的肖邦在没有名气之前，选择了借助李斯特的名气，从而一举成名。如果没有李斯特的帮助，或许肖邦也不会轻易成功。

西方音乐之父——巴赫

约翰·塞巴斯蒂安·巴赫（1685—1750），巴洛克时期的德国作曲家，杰出的管风琴、小提琴、大键琴演奏家，同作曲家亨德尔和D. 斯卡拉蒂齐名。巴赫被普遍认为是音乐史上最重要的作曲家之一，他的创作使用了丰富的德国的音乐风格和娴熟的复调技巧。他的音乐集合了巴洛克音乐风格的精华。巴赫被称为“不可超越的大师”，并被尊称为“西方现代音乐之父”，也是西方文化史上最重要的人物之一。巴赫是把西欧不同民族的音乐风格浑然融为一体的开山大师。他汇集意大利、法国和德国传统音乐中的精华，曲尽其妙。

知识链接

——音乐能从精神上扫除日常生活中的尘埃。

——谁像我一样努力，谁就有我这样的成就！

——我实在想不出还有谁的音乐能如此包罗万象，如此深刻地感动我。

——用一句不太确切的话说，除了技巧与才华，他的音乐因一些更有意义的东西而更加宝贵。

——如果天天演奏柴可夫斯基那种愉悦感官的旋律，我将不胜其烦。

轶事

10岁那年，巴赫的父母相继去世，哥哥承担了他的抚养义务，并且负责对他进行音乐教育。可是，哥哥对他的教育非常粗糙，这让巴赫非常不满，因而他总是向哥哥提出很多问题，哥哥因为学艺不精根本回答不了，因而总是迁怒于巴赫。

巴赫知道哥哥收藏有很多著名音乐大师们的作品手抄谱，他非常渴望能够拜读，可是他向哥哥请求了很多次，都被拒绝了。巴赫心里非常苦闷，他知道

乐谱所藏之处，因而，每次经过的时候，都徘徊观望，不肯离去。

后来，巴赫实在耐不住心里想要拜读乐谱的冲动，悄悄地溜了进去。于是，从那之后，每当夜深人静，哥哥熟睡之后，他都会悄悄地溜进去取出乐谱，然后在月光下偷偷地抄写。

半年之后，他已经将全部的乐谱抄写完毕。正在他欣喜若狂的时候，哥哥不知怎么发现了。他把巴赫叫到跟前，狠狠地训斥了一顿，然后搜出了巴赫半年来费尽周折抄写的乐谱，要把它烧毁。尽管巴赫苦苦哀求，可是哥哥并没有因为手足之情而放弃，最终凝聚着巨大心血的乐谱就这样被销毁了。

从那之后，巴赫对哥哥恨之入骨。

尽管如此，巴赫对音乐的追求并没有放弃。为了学习，他不怕任何困难。听说汉堡有位著名的管风琴大师技巧相当高超，巴赫非常仰慕。尽管路途遥远，巴赫身无分文，但是他带着干粮，徒步前往大师处拜师学艺。

巴赫一路上凭草垛栖身，饮河水消渴，风尘坎坷，但他全都置之度外。一次往返180里，归来时已是双足生满血泡。然而，能观摩大师演奏，聆听大师教诲，小巴赫每次出发之前，从不犹豫。

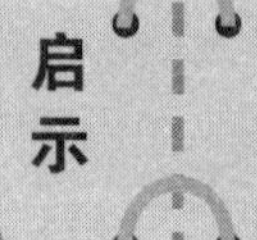

轻言放弃的人是不会有什么作为的。在面对各种挫折和不利因素时，要有百折不挠的执著精神，这样，才能在事业上有所成就。故事中的巴赫就是这样的。

圆舞曲之王——施特劳斯

约翰·巴普蒂斯特·施特劳斯（1825—1899），奥地利著名指挥家、小提琴家、圆舞曲及其他维也纳轻音乐的作曲家。他被誉为“圆舞曲之王”，为19世纪维也纳圆舞曲的流行作出了巨大的贡献。他曾带领乐队访问欧洲各国，使维也纳圆舞曲风靡全欧洲。他“圆舞曲之王”的称号是由于他把华尔兹这种原本只属于农民的舞曲形式提升为了哈布斯堡宫廷中的一项高尚的娱乐形式。代表作品有《蓝色多瑙河》《维也纳森林的故事》《艺术家的生活》等。

知识链接

——音乐是人生的艺术。

——一名想当真正音乐家的人，就得有为一张菜单谱曲的能力。

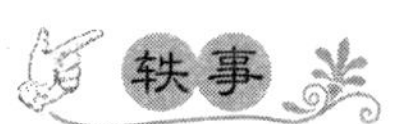

这天，约翰·施特劳斯回家后换下了一件脏衬衣。妻子在收拾屋子的时候，拿起衬衣一看，惊讶地说："怎么衬衣上全是五线谱啊？"她想，一定是施特劳斯灵感突现时记录下来的，有可能是一首名曲呢，这可不能洗。于是将衬衣单独放在了一边。

收拾完屋子之后，妻子出去买菜了。等她回来之后，却意外地发现那件写有五线谱的衬衣不翼而飞了。"到底上哪里去了呢？难道趁自己出去的工夫，有人把衬衣偷了？"忽然，她明白了，是洗衣妇把它连同其他脏衣服一起拿走了。

这可怎么办呢？妻子知道施特劳斯的脾气，要是这件衬衣找不到，等他回来指不定又要发多大的脾气呢。于是她跑出去想要找洗衣妇，可是，她并不知道洗衣妇家的地址啊，于是她坐着车疯狂地四处打听寻找。

就在她几乎要陷入绝望的时候，一名酒店里的老妇人说："我知道洗衣服的妇人的住所，我带你去吧。"于是老妇人带着约翰·施特劳斯的妻子迅速赶到了洗衣妇的家里。妻子疯狂地冲了进去，看到洗衣妇正要把那件衬衣丢入盛满肥皂水的桶里。她扑上去，一把拽住了洗衣妇的手臂，抢过了那件脏衣。

洗衣妇不解地说："尊贵的妇人，那件衬衣已经脏了，我正要进行清洗，你抢它做什么啊？"

妻子紧紧抓着那件脏衬衣说："你不知道吧，这件衬衣背后有施特劳斯所作的乐曲，幸好我及时赶到，要不然这首曲子就再也不存在了。"说着，她张开了衬衣给洗衣妇看。这首被约翰·施特劳斯的妻子抢救下来的乐曲，正是约翰·施特劳斯的不朽名作《蓝色多瑙河》圆舞曲。

启示

一个成功的男人后面有一个默默付出的女人。施特劳斯灵感突现，把音乐写在了自己的衬衣上，幸亏妻子发现得及时，补救得及时，才让这首不朽名作得以流传。

交响曲之父——海顿

弗朗茨·约瑟夫·海顿（1732—1809），奥地利作曲家，维也纳古典乐派的奠基人。是继巴赫之后的第一位伟大的器乐作曲家，是古典主义音乐的杰出

代表，被誉称交响乐之父和弦乐四重奏之父。他将奏鸣曲式从钢琴发展到弦乐重奏上，他是器乐主调的创始人。他用弦乐四重奏代替钢琴，用管弦乐代替管风琴，创造了两种新型的和声演奏形式。他一生写作了104首交响曲，两部神剧《创世纪》和《四季》，同时也写作了大量的弦乐四重奏，钢琴奏鸣曲，以及一些歌剧、轻歌剧、12部弥撒曲和声乐作品。他同莫扎特和贝多芬三人为维也纳古典乐派的杰出代表。

知识链接

——艺术的真正意义在于使人幸福，使人得到鼓舞和力量。

——当我坐在那架破旧古钢琴旁边的时候，我对最幸福的国王也不羡慕。

——我的音乐文字是全世界都懂得的。

轶事

被誉为“音乐之父”的著名音乐家海顿，曾经担任过斯合哈奇公爵府邸乐队队长，领导着30名乐手。

有一天，公爵突然决定遣散这支乐队，这就意味着海顿和30名乐手将要丢失饭碗。乐手们一时心慌意乱，不知所措。

海顿心想：公爵决定过的事情一般是很难更改的，无论怎样央求，都无济于事。想来想去，突然灵机一动，提笔谱出了一首《告别曲》，准备拿到遣散会上，作为一次独特的告别演出。

这是最后一次为公爵演出，因为决定已经宣布，乐手们已经万念俱灰，但看在平时和公爵在一起的情谊上，还是十分卖力地演奏起来。

乐曲开始时欢快 、优美、轻松怡然，将乐手与公爵的美好友谊表达得淋漓尽致，公爵不由得感动起来。渐渐地，乐曲由明快转为平缓，又由平缓转为黯淡。悲怆的情绪起来了，像秋天的浓雾一般在大厅里弥漫开来。

这时，一名乐手停了下来，吹灭了乐谱架上的蜡烛，站起身来向公爵深深地鞠了一躬，然后悄悄地离开。

接着，又一名乐手以同样的方式离开……乐手们一个又一个地相继离开了。最后，空荡荡的大厅里只剩下了海顿一个人，旁边一支蜡烛在黑暗中静静地闪烁着。

海顿停止了指挥，默默地朝公爵深深鞠了一躬，慢慢地转过身去也要离开。

这时，公爵的情绪已达到了顶点，再也忍不住了，大叫起来：“海顿，这是怎么回事？”海顿平静而又诚挚地回答：“尊敬的公爵大人，这是乐队的全体同仁在向您作最后的告别啊！”

公爵突然醒悟过来，几乎流出眼泪说：“啊！不！请让我再考虑一下。”

就这样，海顿和30名乐手，靠演出《告别曲》的奇特氛围使公爵将乐队留了下来。

原来，音乐不仅可以洗涤人的心灵，帮助人们舒缓情绪，还能够表达心声，留下想要留下的人。海顿用自己的聪明才智，避免了乐队被遣散，保住了整个团队30名乐手的饭碗。

第12章

深入人心的表演家

在舞台上，他们是精灵，一次次推动着人们的情绪跌宕起伏；在舞台下，他们是普通的人，也有和我们一样的痛苦和挫折，甚至经历着我们不曾想象的那些伤害。为了艺术表演，他们奉献了毕生的精力，也收获到了成功的喜悦。那么，他们在表演的道路上，到底是如何一步步走向成功的？有没有什么经验可以借鉴呢？在这一章，我们将为你讲述他们在自己的道路上如何前进并走向辉煌的。

伟大的戏剧天才——莎士比亚

威廉·莎士比亚（1564—1616），英国文学史上最杰出的戏剧家，也是西方文艺史上最杰出的作家之一，全世界最卓越的文学家之一，他在欧洲文学史上占有特殊的地位，被喻为“人类文学奥林匹克山上的宙斯”。他亦跟古希腊三大悲剧家艾思奇利斯、索福克里斯及幼里匹蒂斯合称“戏剧史上四大悲剧家”。他创作的大部分是诗剧，主要作品有《李尔王》《哈姆雷特》《奥赛罗》《罗密欧与朱丽叶》《威尼斯商人》等。他的作品是人文主义文学的杰出代表，在世界文学史上占有极重要的地位。

知识链接

——卑贱和劣行在爱情看来都不算数，都可以被转化成美满和庄严：爱情不用眼睛辨别，而是用心灵来判断，爱用的不是眼睛，而是心。

——世界是一个舞台，所有的男男女女不过是一些演员，他们都有下场的时候，也都有上场的时候。一个人的一生中扮演着好几个角色。

——爱情是盲目的，恋人们看不到自己做的傻事。

——外观往往和事物的本身完全不符，世人都容易为表面的装饰所欺骗。

——没有了纪律，就像琴弦绷断，听吧！刺耳的噪音随之而来！

轶事

这天，莎士比亚带着小伙伴悄悄来到了大财主托马斯·露西的山林里打猎。他们隐蔽得很好，并且已经获得了不少的猎物，就在他们兴高采烈地回去时，忽然后面传来了一声吆喝：“你们这些盗猎者，快给我站住！”

莎士比亚扭头一看，是大财主家的管家追了上来，于是和小伙伴们拼命地跑。不巧的是，管家竟然放开了狗，他们的去路很快被训练有素的狼狗给截住了，看着龇牙咧嘴的狼狗，他们吓得趴在地上不敢动弹。

就这样，莎士比亚一伙人被财主抓住了。他被捆绑着带到了财主露西的跟前，露西不由分说，示意手下打手狠狠地揍了一顿莎士比亚。偷猎来的猎物自

然被没收了，莎士比亚带着一身的淤青一瘸一拐地离开了财主的庄园。

回家后，莎士比亚越想越窝火，于是写了一首打油诗，把财主露西丑化成一条狗，并且张贴在街上。很快，这首打油诗在附近传播开来。只要财主露西一出门，就有很多人对他指指点点，更有一些小孩子跟着他唱童谣，歌词自然是莎士比亚写的那首丑化他的打油诗了。

财主露西非常恼火，他带着人四处追捕莎士比亚。尽管莎士比亚想办法躲藏，可是，这是露西的地盘，他手下的眼线众多，很快，莎士比亚就再次被抓到庄园。这一次，自然没少得了皮肉之苦。

折磨完了莎士比亚，财主露西恶狠狠地说："给你一个星期的时间，给我从斯特拉福德小镇滚出去，如果在七天之后，再让我看到你，或者得到你的任何消息，我定将你碎尸万段，你知道我是什么事情都能做得出来的。"

莎士比亚知道，财主露西是当地的恶霸，经常做杀人放火的事情，如果他真的想要杀死自己，那实在是太容易了。为了活命，莎士比亚只好离开了斯特拉福德小镇，到伦敦避难。

启示

莎士比亚疾恶如仇，但是在形势不利的情况下，采用打油诗来羞辱对方并不明智。由此可见，在攻击他人时要确保自己的安全才是明智之举。

喜剧表演大师——卓别林

查理·卓别林（1889—1977），英国喜剧演员及导演，现代喜剧电影的奠基者，在世界范围内享有盛誉。同时也是著名的反战人士。他与巴斯特·基顿、哈罗德·劳埃德并称为"世界三大喜剧演员"。卓别林开创了另类喜剧表演之河，他戴着圆顶硬礼帽和身着礼服的模样几乎成了喜剧电影的重要代表，往后不少艺人都以他的方式表演。《大独裁者》获奥斯卡最佳男主角奖提名、最佳影片奖提名和最佳编剧奖提名。

知识链接

——我总是力图以新的方法来创造意想不到的东西。假如我相信观众预料我会在街上走，那我便跳上一辆马车去。

——时间是一个伟大的作者，它会给每个人写出完美的结局来。

——人必须相信自己，这是成功的秘诀。

说起卓别林，大家都知道，他是一位世界著名的喜剧大师。

有一天，卓别林来到了一个偏远的小镇。这天，他觉得自己该理发了。但是由于这个小镇很偏僻，只有两家理发店，每家店只有一名理发师，所以他只能从这两个理发师中选择一个为自己理发。

卓别林走进第一家理发店，上上下下看了一遍，不禁皱起了眉头。原来这个理发店房子小，座椅旧，地上还散落着不少头发渣，最糟糕的是那个理发师自己的头发非常难看，像个麻雀窝，乱糟糟的，于是卓别林退了出来。

他走进了第二家理发店。这儿的情况可大不一样，房子宽敞明亮，店内地上非常干净，再看这位理发师的头发，整整齐齐、大大方方……这时，你一定认为卓别林会在这家理发店理发了。可是，卓别林想了想，又返回到第一家去理发了。

是第一家理发店价格便宜吗？是卓别林喜欢把自己的头发理成“麻雀窝”“老鼠啃”的样子吗？当然不是。那么这究竟是为什么呢？

原来，卓别林在想：小镇这么偏远，只有两家理发店，所以第一家理发师的“麻雀窝”“老鼠啃”似的头发肯定是第二家理发师理的；另外，第一家理发店的地上散落的头发渣也说明第一家的顾客比第二家要多，那么就可以肯定第一家店的理发师技术比第二家的好。所以，卓别林当然会选择手艺好的理发师为自己服务了。

启示

卓别林作为一代喜剧大师，必然有他出众和擅长的一面，他的细心和细致入微的观察能力恐怕就是他能把喜剧演绎得真实生动的原因。这种善于观察的能力任何人通过训练都可以拥有，这也不是什么特别了不起的能力，但是往往这种看似简单的能力，在真正的生活和工作中能够给我们带来很大的帮助。所以要想做好一件大事，还要从锻炼好最基本、最简单的能力开始。

电影大师——斯皮尔伯格

史蒂文·斯皮尔伯格（1946—），美国著名电影导演、编剧和电影制作

人。英国爵士。斯皮尔伯格曾两度荣获奥斯卡最佳导演奖，三次荣获奥斯卡奖，并且是有史以来电影总票房最高的导演，他的电影已经创造了接近80亿美元的国际总票房。他将电影的深刻思想性与商业元素完美地结合在一起，让观众们体验震撼壮美的画面效果的同时感受到其影片中所传达出的深刻内涵，让人意犹未尽，回味无穷。这在整个美国电影界乃至全球电影界都是非常稀有的。2006年，《首映》将他列为电影业最有权势和影响力的人物。《时代》杂志将他列入世纪百大最重要的人物的一员。《生活》杂志将斯皮尔伯格评为他同时代中最有影响力的人物。

知识链接

——但这种模式不会永远有效，其结果是它们的焦点将会变得越来越窄。人们将会摒弃它们，而它们将变得无所适从，不知道该做些什么。

——到最后电影行业将会面临大规模的崩溃局面。这个行业中将会出现“内爆”，到那时会有三部、四部甚至可能是五六部大制作电影会砰然坠地。

轶事

1965年，只有19岁的斯皮尔伯格考入了加州大学长滩分校，攻读电影及电子艺术专业。在大三的时候，他拍了一部只有24分钟的短片，片子讲述的是两个年轻人在沙漠相遇相爱的故事。

环球公司是非常有名的影视公司，它的行政长官辛伯格无意间看到了这个短片，他激动地对助手说：“我觉得它真是太完美了，我喜欢这个导演以及他所挑选的演员，他表现故事的风格也让我耳目一新，你尽快安排这个导演来见我。”

第二天，助手说：“先生，我查阅了资料，发现这个片子的是一个大三的学生拍的，但是没有查到是哪所大学。”

辛伯格摆摆手回答：“我不管他是什么，也不管他在哪儿，我要见他！”

助手费尽周折，终于找到了斯皮尔伯格，并把他带到了辛伯格的面前。

一见面，辛伯格开门见山地说：“我喜欢你拍的片子，我们签个合同吧，从今以后你就来我们公司上班。”

斯皮尔伯格似乎还没有明白过来是怎么一回事，他说：“我现在还在读大三呢，还有一年才能毕业。”

辛伯格望着斯皮尔伯格的眼睛说：“你是要上大学还是要当导演呢？上大学的目的不就是当导演吗？现在，有机会让你当导演，上大学还有意义吗？”

时间一分一秒地过去了，斯皮尔伯格头上渗出了汗珠，后来他说："我父亲永远不会同意我离开大学的。"

辛伯格想了想说："你好好再考虑一下，这对于你来说可是个千载难逢的机会，就算你大学毕业了也未必能够遇上。"

经过一番激烈的思想斗争，斯皮尔伯格终于做出了决定，他与辛伯格所在的环球公司签了一份正式的合同。

当然，这份合同对辛伯格来说也是一场豪赌：让一个名不见经传，甚至大学尚未毕业的人做导演，这可是公司从未有过的事。但是他最终赢得了这场赌局，因为斯皮尔伯格陆续拍出了《大白鲨》《外星人》《侏罗纪公园》《辛德勒名单》等传世杰作。

启示

只要有能力，迟早会被机遇垂青的。故事中的斯皮尔伯格在电影拍摄上有很高的才华，因而得到了著名导演的赏识，最终为自己赢得了一个美好的前途。

京剧大师——梅兰芳

梅兰芳（1894—1961），名澜，字畹华，别署缀玉轩主人，艺名兰芳。祖籍江苏泰州，出身于梨园世家，京剧表演艺术家。京剧梅派创始人，擅长旦角，扮相端丽，唱腔圆润，台风雍容大方，被称为旦行一代宗师，是"四大名旦"之首；同时也是享有国际盛誉的表演艺术大师，其表演被推为"世界三大表演体系"。代表戏京剧有《贵妃醉酒》《霸王别姬》等；昆曲有《游园惊梦》《断桥》等。所著论文编为《梅兰芳文集》，演出剧目编为《梅兰芳演出剧本选集》。

知识链接

——电影好像一面特殊的镜子，能够照出自己活动的全貌。

——不能鉴别好坏，或鉴别能力不强的人，往往还能受环境中坏的影响而不自觉，是非常危险，并且也是非常冤枉的。

——我想象，在未来的新中国，无论新旧戏剧，都将是文化艺术的一环，社会教育的一个有力部门，而不止是单纯的娱乐。从事戏剧的工作者，都成为服役于民众的艺术家，建设新中国的战士，国家保障他们的生活，社会尊重他们的地位，而他们本身，也不止于是供闲人消遣的工具。

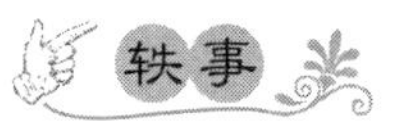

日本人占领上海之后，冻结了很多银行的账户。梅兰芳的演出收入也被冻结了。一直靠银行利息过日子的梅兰芳，家庭生活顿时陷入了困境。如何维持家庭生活成了困扰梅兰芳的问题。

这天，他问夫人：“到底该怎么办呢？”夫人说：“我在昨天的报纸上看到了何香凝女士卖画谋生的消息，我们不妨也学学她，发挥你绘画的才能，卖画度日啊！”

梅兰芳点了点头。事实上，他早有这个想法，只是怕夫人不同意。现在既然夫人主动提出来了，这不失为一种谋生的路。

于是夫人磨墨，梅兰芳着手作画，在短短的八天时间里，他画了二十多幅鱼、虾、梅、松，然后拿到朋友的店里代卖。市民们看到广告后，争相购买，不到两天，二十多幅画就被抢购一空。

这件事情传出去之后，上海文艺界反响很大。很多知名人士提出要为梅兰芳办画展，梅兰芳得知后非常高兴。为了不辜负文艺界的朋友，他苦战了半个多月，画了几十幅作品。主办人员决定在重阳节在上海展览馆展出，到时候请梅兰芳夫妇大驾光临。

日伪汉奸得知这个消息之后，肆意捣乱。他们派来了一群便衣警察。提前进入了展览大厅。前来参观的群众被赶了出去。梅兰芳到来之后，看到门外冷冷清清，觉得非常奇怪。当他走进展览大厅之后，看到每张画上都分别被贴着“汪主席订购”“周副主席订购”“冈村宁次长官订购”……梅兰芳气得火冒三丈，他拿起桌上的裁纸刀，咔嚓咔嚓把画作剪了个粉碎。

梅兰芳毁画的举动，很快传遍整个上海， 宋庆龄、郭沫若、何香凝等人发表声援讲话，称赞梅兰芳的气节，为世人所敬仰。梅兰芳感动得热泪盈眶，兴奋地对夫人说：“我梅兰芳再也不是一只孤燕了！”

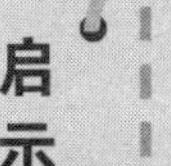

梅兰芳在生活拮据的情况下，被迫卖画为生，可惜却被日伪搅局，为了不让自己的作品落入日伪手里，毅然决然销毁了花了大量心血的作品，足见作为一个艺人的气节。

现代舞之母——邓肯

依莎多拉·邓肯（1878—1927），美国著名舞蹈家，现代舞的创始人，是世界上第一位披头赤脚在舞台上表演的艺术家。因创立了一种基于古希腊艺术的自由舞蹈而首先在欧洲扬名。其后在德、俄、美等国开设舞蹈学校，成为现代舞的创始人。她家境贫寒，从小热爱舞蹈，但没有受过正规舞蹈教育，她完全依靠自学。她的舞蹈动作完全自由，从人为的技术性限制中解放出来，摆脱对辉煌而空洞的动作技巧的依赖。她的主要作品有《马赛曲》、贝多芬的《第七交响曲》、门德尔松的《春》和柴可夫斯基的《斯拉夫进行曲》改编的舞蹈。著有《邓肯自传》和《论舞蹈艺术》两部图书作品。

知识链接

——芭蕾一点儿也不美！

——最自由的身体蕴藏着最高的智慧，将来的舞蹈家必须是肉体与灵魂相结合的，肉体动作必须发展为灵魂的自然语言。

——芭蕾舞树立的原则，从不考虑地心引力的作用。其实地球上所有的运动都由引力定律，吸力和斥力，抗力和应力来支配；舞蹈节奏便是这样形成的。

轶事

邓肯很小就有舞蹈天赋，尽管只有四五岁，却总是扭动着屁股在跳舞。爸爸妈妈觉得很好玩，他们把邓肯的这种天赋当做孩子的可爱的天性。每当邓肯表演的时候，他们总是笑。

这天，妈妈无意之间看到，邓肯召集了六七个街坊的孩子，他们之中小的只有几个月大，根本不会走路。邓肯让他们坐在她面前的地板上，然后教他们挥动手臂。妈妈觉得奇怪，笑着问道："邓肯，你在做什么呢？"

邓肯一本正经地说："妈妈，我在教他们跳舞呢。我办了个舞蹈学校，他们都是我的学生。"

妈妈觉得非常有趣，说："那好吧，妈妈为你们伴奏，你们一定要跳出优美的舞蹈啊！"说着邓肯妈妈坐在钢琴前面为她弹奏乐曲。

孩子们在邓肯的领导下，随着音乐的节奏挥动着手臂，样子非常优美。

后来，邓肯的这所舞蹈学校越办越大，周围很多女孩子都来跟着邓肯学习舞蹈。尽管邓肯根本没有受过一天的基础教育，可是却能让孩子们跳出有模有

样的舞蹈来。

孩子们的父亲听说了邓肯办学校的事情，他们给邓肯缴纳了一些钱，让邓肯领着他们跳舞。

渐渐地，爸爸妈妈觉得邓肯跳舞确实有天赋，他们再也不认为是小孩子闹着玩了。为了能让邓肯受到舞蹈的教育，他们联系了一家舞蹈学校，给邓肯报了名。

可是，邓肯仅仅上了三节课就不愿意去了。这让妈妈非常奇怪，她问道："邓肯，你不是喜欢跳舞吗？妈妈把你送到舞蹈学校，你为什么不去了啊？"

邓肯不耐烦地说："他们教授的舞蹈太拘束了，和我脑子里的想法完全相反，那样的舞蹈根本表现不出一点美来，这不是我想要的。"

随后，邓肯买了大量的书籍，认真地学习和研究，按着自己对舞蹈的理解，创造了自己喜欢的舞蹈。这就是现代舞的雏形。

启示　对于传统的东西，敢于发出不一样的声音，这也是邓肯的魅力所在。正是她的这种怀疑精神，促使她创造了现代舞。

高音C之王——帕瓦罗蒂

鲁契亚诺·帕瓦罗蒂（1935—2007），世界著名的意大利男高音歌唱家。早年是小学教师，1961年开始歌唱生涯，1964年首次在米兰·斯卡拉歌剧院登台，1967年被选为威尔第《安魂曲》的男高音独唱者。从此，声名节节上升，成为活跃于当前国际歌剧舞台上的最佳男高音之一，与多明戈、卡雷拉斯合称为世界三大男高音，别号"高音C之王"。帕瓦罗蒂具有十分漂亮的音色，在两个八度以上的整个音域里，所有音均能迸射出明亮、晶莹的光辉。

知识链接

——我认为沉浸在音乐中的一生是最美好的一生，这正是我为之奉献了全部生命的意义所在。

——未来还未发生，与其过度地关注分散精力，不如做好手头的工作。现在的一切，将决定未来的结果。

轶事

由于帕瓦罗蒂在歌唱上的天赋，父母觉得他将来一定大有成就。于是父亲通过关系把帕瓦罗蒂介绍到了“罗西尼”合唱团，希望他能够在这个平台上有所作为。可是，帕瓦罗蒂发现，跟着这个合唱团根本无法展现自己的能力，想要有个出头之日实在太难了。

为了能引起某个音乐人的注意，他只要听说有音乐会，便自告奋勇去免费演唱。他觉得这样不但能完美地表现自己，更重要的是能让人们认识他，记住他。但是，他的努力最终以失败告终了。在一场音乐会上，他因表现不佳被满场观众轰下舞台。

失去了在演唱会上表现的资格，帕瓦罗蒂一度非常灰心。但是对音乐的狂热喜欢，让他重新燃起了希望。他通过家里的关系，认识了歌唱家阿里哥·波拉，并且跟着他学习唱歌，但是却没有经济来源。这让他的生活一度陷入了困境。不得已，他在保险公司找了一份做推销员的工作，同时在附近的一所小学做代课老师。他上午给孩子们上课，下午去卖保险，然后利用晚上的时间跟着阿里哥·波拉学习唱歌。

不管是学习，还是工作，帕瓦罗思都非常地认真。一段时间之后，他的保险卖得非常好，渐渐地成为了行家。但是，他不善于教授学生学习，他觉得那像噩梦一样，每次上课，他都像是在煎熬。事实上，他的学生似乎也没有多大的兴趣，在考试中总是一塌糊涂。

后来，帕瓦罗蒂在回忆这段时间时说：“不得不承认，我没有办法在学生面前展现自己必要的权威。”

启示

任何事情，只要你认真去做，总有做好的一天。故事中的帕瓦罗蒂在兼职卖保险的时候，认真对待，却意外地成为了保险销售的行家。可见，态度决定着成就，这话一点儿不假。

第13章 探索自我的心理学家

或许在很多人眼里，他们能够洞悉人心，了解人性，是智者。也有可能有人觉得他们只是满嘴的枯燥理论，对生活并没有多大的用处。可是，值得一提的是，他们是历史闻名的心理学家，他们的研究和实验推动了人类自身的发展。读懂他们，能帮助你克服人性的弱点，更加真实地认清自我，或许这才是你所需要的。那么，就让我们来了解和认识他们吧。剥开笼统的抽象理论，你会有不一样的发现。

精神分析学派创始人——弗洛伊德

西格蒙德·弗洛伊德（1856—1939），犹太人，奥地利精神病医生及精神分析学家，精神分析学派的创始人。他提出潜意识，主张人格结构的三层次，主张性欲论。他认为被压抑的欲望绝大部分是属于性的，性的扰乱是精神病的根本原因。西格蒙德·弗洛伊德的著作有《性学三论》《梦的释义》《图腾与禁忌》《日常生活的心理病理学》《精神分析引论》《精神分析引论新编》等。

知识链接

——我们整个心理活动似乎都是在下决心去求取欢乐，避免痛苦，而且自动地受唯乐原则的调节。

——凡人皆无法隐瞒私情，尽管他的嘴可以保持缄默，但他的手指却会多嘴多舌。

——笑话给予我们快感，是通过把一个充满能量和紧张度的有意识过程转化为一个轻松的无意识过程。

——每个人都有一个本能的侵犯能量储存器，在储存器里，侵犯能量的总量是固定的，它总是要通过某种方式表现出来，从而使个人内部的侵犯性驱力减弱。

轶事

在弗洛伊德6岁那年，有一次，妈妈带着弗洛伊德在郊外散步，弗洛伊德破天荒地问道："妈妈，人是什么构成的啊？"

望着天真无邪的弗洛伊德，妈妈回答说："人是由泥土做成的，所以，人必须回到泥土之中。"

"什么？人是泥土做成的？为什么我和它们不一样呢？妈妈，你不是在骗我吧。"弗洛伊德指着地上的泥巴问道。

妈妈无法解释，只好在他面前用双手擦来擦去，接着她指着双手擦下的皮

屑说："这就是和泥土一样的东西。它们和泥土的构成元素是一模一样的。"

弗洛伊德不禁吃了一惊。从此以后，他就在自己的脑海中经常听到这样的回音："你必定会死。"

没过多久，妈妈给弗洛伊德生了个小弟弟。在给孩子取名字的时候，父母产生了分歧。于是在妈妈的提议下，全家召开了家庭会议，妈妈问道："弗洛伊德，你觉得弟弟叫什么名字比较好啊？"

弗洛伊德想了想说："我觉得给弟弟就叫做亚历山大吧。"

听到弗洛伊德给弟弟起的名字之后，爸爸妈妈相互望了一眼，没有说话，他们觉得弗洛伊德给孩子起的名字并不好。

看着爸爸妈妈的表情，弗洛伊德说："爸爸妈妈，你们听我说，我所以给弟弟取这个名字是有原因的……"紧接着，他说出了其中的缘由。

爸爸听了，点了点头说："听弗洛伊德这么一说，我觉得孩子叫亚历山大非常好。"

"是的，真是再恰当不过了。"妈妈也随声附和道。

于是，弗洛伊德的弟弟正式取名为亚历山大。

启示

父母对于孩子的尊重是很有必要的。这样会让他们从小树立起自尊。在故事中，弗洛伊德得到了父母的尊重，他的意见被采纳了，这让他和父母之间建立了很好的关系，有益于孩子的健康成长。

儿童精神分析医生——埃里克森

爱利克·埃里克森（1902—1994），美国神经病学家，著名的发展心理学家和精神分析学家。他提出人格的社会心理发展理论，把心理的发展划分为八个阶段，指出每一阶段的特殊社会心理任务；并认为每一阶段都有一个特殊矛盾，矛盾的顺利解决是人格健康发展的前提。著作有《儿童和社会》《少年路德：精神分析和历史的研究》《领悟与责任》《共同点的研究》《新的同一性维度》《生命历史与历史时刻》《玩具和理由:经验仪式化的阶段》《生命周期的完成》《老年人的重大事件》等。

知识链接

——独身生活方式可能有其方便之处，但假若一个人不能超越这种生活方

式，就会导致情绪和个人满足感发展的严重滞后。

——德行的含义一度是指“固有的力量”和“积极的品质”，人的生命周期的各个阶段需要发展的主要德行各不相同。

——在人类生存的社会丛林中，没有同一感也就没有生存感。

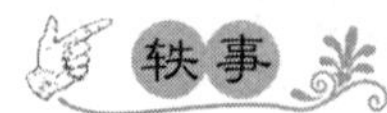

在埃里克森出生后不久，父母就离婚了。直到他三岁的时候，母亲嫁给了一个名叫西塞多·洪柏格的儿科医生。洪柏格对埃里克森百般呵护，把他当做亲生儿子一样对待。因而，童年时期的埃里克森并不知道洪柏格不是他的亲生父亲。

一天，埃里克森在家里和小朋友玩耍，不小心打碎了一个花瓶，父亲回家得知后，非常生气，狠狠地揍了埃里克森一顿。看着哭泣的埃里克森，妈妈尽管很心疼，但是并没有安慰他，而是加以严厉地斥责。因为她知道，这个花瓶是丈夫花了很多钱买来的古董。

埃里克森觉得非常委屈，第二天，当他的朋友再次来找他玩的时候，埃里克森哭着说：“我觉得我是个被遗弃的孩子，我根本就不属于我的爸爸妈妈。”

朋友非常惊讶地说：“埃里克森，你怎么能这么说呢？你的爸爸妈妈那么爱你。”

“他们爱我？他们要是爱我的话，就不会为了一个破花瓶揍我骂我了。”埃里克森愤愤不平地说。

“被爸爸妈妈管教就是不爱你了？”朋友觉得埃里克森有这样的想法实在太不应该了，于是这样质问道。

埃里克森瞥了朋友一眼：“我觉得我爸爸妈妈实在太过分了，你看看你的父母，他们对你多好啊，我要是能有你的父母那样好的爸妈，那该多好啊。”

朋友拍了拍埃里克森的肩膀，安慰道：“人的父母是与生俱来，没有办法选择的。埃里克森，我觉得父母对待我们的爱是真挚的，只不过表达情感的方法不同而已。”

听了朋友的安慰，埃里克森的心里舒服多了。

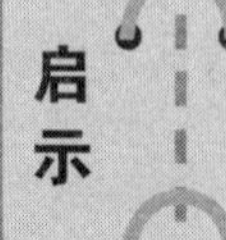

做了错事就得受到相应的惩罚，这样才能有戒备心，才会杜绝下次再犯错误。否则，就会产生是非混淆，这对孩子来说并不是一件好事。故事中的埃里克森的母亲就做得非常对。

人格心理学家——艾森克

汉斯·艾森克（1916—1997），英国心理学家，主要从事人格、智力、行为遗传学和行为理论等方面的研究。他主张从自然科学的角度看待心理学，把人看作一个生物性和社会性的有机体。在人格问题研究中，艾森克用因素分析法提出了神经质、内倾性—外倾性以及精神质三维特征的理论。主要著作有《人的人格结构》《政治心理学》《焦虑与歇斯底里的动力学》《变态心理学手册》《弗洛伊德学说的实验研究》《人格测量》《性心理学》《智力的模式》等。

知识链接

——无法衡量即不存在。

——人格是生命体实际表现出来的行为的模式的总和。

轶事

这一年，艾森克刚刚18岁，参加完大学升学考试之后，获得了柏林大学的录取通知书，这正是他梦寐以求的事情。可是，当他满怀希望去大学报到的时候，却遇到了麻烦。

校长接过艾森克手里的录取通知书，看了一眼后，说："艾森克，你是位优秀的学生，柏林大学欢迎你！"

艾森克高兴地说："谢谢校长。"

在办理完了入学手续之后，校长转身对艾森克说："艾森克，我不得不告诉你，入学程序里增加了一项内容，那就是必须加入纳粹组织，否则是不能入学的。"

"什么？为什么要必须加入纳粹组织啊？"艾森克不解地问道。

校长无奈地耸了耸肩，说："我还想知道呢。"

艾森克非常为难，说实话，他非常渴望能进入柏林大学，这是他渴望已久的事情，但是，要他加入纳粹，那是他无论如何也接受不了的事情。再三考虑之后，他做出了一个惊人的决定，那就是放弃进入柏林大学。

艾森克拖着疲惫不堪的身躯回到了家里，祖母迎上来问道："我亲爱的艾森克，快告诉奶奶，入学手续办得顺利吗？"

艾森克无助地看着祖母，摇了摇头。

"不是已经被柏林大学录取了吗？怎么还不顺利啊？"祖母焦急地问道。

“他们要我必须加入纳粹才允许入学。我想了想，不管怎样，绝对不能加入纳粹组织，所以最终我放弃了入学资格。”艾森克回答说。

看着艾森克沮丧的样子，祖母安慰道：“孩子，你做得对，无论如何绝对不能加入纳粹，上不了柏林大学，还可以上别的学校啊。”

艾森克点了点头。

没过多久，艾森克来到法国，进入第戎大学学习文学和历史。之后，他来到了伦敦大学，他本打算学习物理和天文学，但是由于他没有经过必要的培训，因此他面临一个选择，要么花一年时间接受基础训练，要么选择另一个他未曾听闻的专业心理学。最后他选择了心理学。

启示

在自己的未来和处事的底线发生矛盾的时候，一定要记得千万不要为了前途而突破底线。因为底线一突破你就会失去原则，而未来的事可以有多种选择。故事中的艾森克给我们做出了榜样。

教育心理学家——亚伯拉罕·马斯洛

亚伯拉罕·马斯洛（1908—1970），美国著名社会心理学家，第三代心理学的开创者，美国人本主义心理学家主要发起者，人格理论家和比较心理学家，以需求层次理论最为人熟悉，广受尊称为“人本主义心理学之父”。1968年当选为美国心理学会主席。主要著作有《动机和人格》《存在心理学探索》《科学心理学》《人性能达到的境界》等。

知识链接

——心若改变，你的态度跟着改变；态度改变，你的习惯跟着改变；习惯改变，你的性格跟着改变；在顺境中感恩，在逆境中依旧心存喜乐，认真活在当下。

——生命的最终目标在于自我成长和自我理解，只有不断完善、理解自我才能让人获得真正的快乐。

——为实现精神健康，个人必须为自己的行为负责，不论结果是好是坏。

——每个人都有内在的存在价值，任何负面的行为都无法抹杀作为人的价值。

这天，马斯洛给他的研究生上课，他向他们提出了一个问题："你们非常优秀，前途一片光明，那么，请告诉我，你们当中有谁希望写出美国历史上最伟大的小说呢？"

学生们顿时安静了下来，有的低着头不说话，有的望着他咯咯地笑，还有的人红着脸摇着头。马斯洛环视了一圈，见一个名叫做玛丽的女生瞪着眼睛望着自己，于是他说："玛丽同学，告诉我你有这个想法吗？"

玛丽被点名，出乎她的意料，她红着脸说："我？我从来不敢有这样的想法啊。"

马斯洛微笑着说："为什么呢？据我所知，你的写作能力非常出众，而且发表过很多作品。"

"那只不过是我随手胡乱写写罢了，要想写出美国历史上最伟大的小说我是绝对不可能的。"玛丽摇着头回答说。

学生们的表现完全出乎马斯洛的意料，他接着问道："那么，你们当中有没有人渴望成为一个圣人或一个伟大的领导者呢？"

学生们的表现跟之前一样，他们你望望我，我望望你，要么低着头偷笑，要么连大气都不敢出，生怕自己被导师点名，像玛丽一样"丢脸"。

这一次，马斯洛没有再点名，而是反问道："为什么不敢去想呢？是你们觉得自己不行呢。还是没有勇气回答呢？"

终于一个叫做罗伯特的男生，壮着胆子说："当然想啊，可是，我们能行吗？圣人？伟大的领导者？他们都不是平凡的人，而我们只是个凡夫俗子，怎么可能成为他们呢？"

马斯洛依旧微笑着说："为什么不能呢？他们在成名之前不是和你们一样默默无闻吗？他们也是人，也有人的七情六欲，和你们一模一样，只不过比你们付出了艰辛的努力而已。"

"我知道你们当中还有人想要成为心理学家，但是你们就这样做一位沉默寡言、谨小慎微的心理学家吗？那有什么好处？那并不是一条通向自我实现的理想途径。"马斯洛接着说。

我们之所以没有成为伟人，是因为从来没有这么想过，自然也就缺少了这种成为伟人的动力。马斯洛的理论很好地诠释了这一点。

新行为主义理论的创始人——斯金纳

伯尔赫斯·弗雷德里克·斯金纳（1904—1990），美国心理学家，行为学家，作家，发明家，社会学者及新行为主义的主要代表，被称为“彻底的行为主义者”，也是世界心理学史上最为著名的心理学家之一。他改革了激进行为主义并且创立了自己的实验型研究心理学——实验型分析行为学。他发展了巴甫洛夫和桑代克的研究，揭示了操作性条件反射的规律。他设计的用来研究操作性条件反射的实验装置“斯金纳箱”，被世界各国心理学家和生物学家广泛采用。他在人类行为学上的作为在《言语行为》一书的出版后达到顶峰。直到今天，他的思想在心理学研究、教育和心理治疗中仍然被广为应用。他的主要著作有《有机体的行为》《一种实验的分析》《科学与人类行为》《言语行为》《学习的科学和教学的艺术》《教学机器》《强化时间表》等。

知识链接

——人的一切行为几乎都是操作性强化的结果。

——人们以为自己知道自己行为的原因是什么，其实许多行为的原因人们并不知道。

——心理学只探索实验框架下相关变量的函数关系，甚至对变量之间是否存在因果性也不必断言。

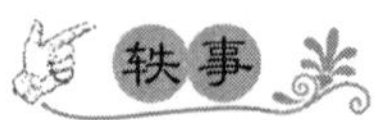

轶事

在斯金纳幼年的时候，祖母曾经给他描述过地狱的情况，这让他幼小的心灵有了阴影，每每别人谈及善恶的时候，斯金纳都会吓得哇哇大哭，甚至整晚都不敢睡觉，生怕地狱之火燃烧到自己的身上。

这种状态一直持续了好几年，父母觉得斯金纳的心智发育不健全，想办法给他介绍认识了一位叫做尤纳斯的自由主义基督徒。在尤纳斯的帮助下，斯金纳重新认识了宗教，明白了祖母曾经所讲的天堂和地狱的事情并不存在，从那之后，他再也不相信世上的神鬼之事。

随着年龄的增大，斯金纳在纽约读了中学，后来选择了主攻艺术和语言学。他想成为一位著名的作家。可是，他写的很多作品都被学校否定了，只有为数不多的几篇文章在报纸上刊登过。因为他的作品中并不认可基督教的很多教义。

但是，斯金纳并没有放弃，他将所有的责任都归结在自己身上，觉得自己

能力不够。于是他进入哈佛大学，继续在文学语言上进修。从哈佛大学毕业之后，他在父母的家里待了一年，试图成为一名小说家。

可是，这个时候，他却突然变得文思枯竭，根本写不出像样的东西来。通向希望的路突然被堵死了，这让斯金纳着实苦恼。因为在文学上没有建树，意味着他之前所做的所有努力都付诸东流了。

这段日子对于斯金纳来说是黑暗的，他感觉到非常迷茫，他迷失了自我，找不到属于自己的那片天空。一次偶然的机会，他在朋友那里拜读了沃森的行为学，并深深地为之吸引。从那之后，他对心理学产生了浓厚的兴趣，一发不可收拾，在心理学的研究和探讨上付出了艰辛的努力，事实上，这一次他似乎选择对了属于自己的方向。

启示

人并不是神，并不知道在做出选择的时候，一定会选择对的路。但是，在发现自己的错误后，要勇敢地面对和改正。故事中的斯金纳发现自己做错了选择之后，毅然决然地重新为自己定了方向。这正是我们身上缺失的东西。

人本主义心理学的主要代表——罗杰斯

卡尔·罗杰斯（1902—1987），美国心理学家，人本主义心理学的主要代表人物之一。人本主义心理学的理论家和发起者、心理治疗家，被心理学史学家誉为“人本主义心理学之父”。主要从事心理咨询和治疗的实践与研究，并因“以当事人为中心”的心理治疗方法而驰名。他还在心理治疗的实践基础上，提出了关于人格的“自我理论”，并把这个理论推广到教育改革和其他人际关系的一般领域中。他的主要著作有《咨询和心理治疗：新近的概念和实践》《当事人中心治疗：实践、运用和理论》《在患者中心框架中发展出来的治疗、人格和人际关系》《自由学习》《个人形成论：我的心理治疗观》《卡尔·罗杰斯论会心团体》《罗杰斯著作精粹》等。

知识链接

——人生而具有潜能。

——人最想要达成的目标，以及人自觉地或不自觉地追求的终点，乃是要变成他自己。

——成功的教学依赖于一种真诚的理解和信任的师生关系，依赖于一种和谐安全的课堂氛围。

——要琢磨出如何去教学，就在于弄清什么时候应该闭上自己的嘴——绝大部分时间，让课堂静下来，让孩子自己去思索。

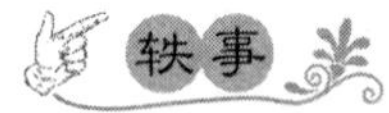

或许因为母亲的缘故，罗杰斯从小就受严格的宗教教育，他的生活中从来没有接受过宗教之外的任何思想和教育的掺杂，对于基督教的教义笃信不疑，而且在他成年后，选择为宗教奉献终身，做了一名牧师。

他的生活除了传道，还是传道。他总是万水千山地跋涉，克服重重困难，去劝解人们信奉基督，遵守诫命。这样的选择，他从来没有质疑过。闲暇之余，他和家人在农田里劳作，除此之外，他并没有别的选择。

直到罗杰斯20岁的那年，一切发生了翻天覆地的变化。

1922年，罗杰斯受到基督教协会的邀请，不远万里来到了中国，参加了国际基督徒大会。在这里，他看到很多虔诚的基督教徒的一些不齿的行为，尽管他们在基督教的教义的研究上相当有造诣，但就是在这个时候，罗杰斯开始怀疑自己选择为宗教奉献终身是否值得。事实上，这个时候，他根深蒂固的宗教思想开始动摇。

为了解开内心的疑惑，他参加了一个名为“为什么我成为牧师”的研讨会，通过探讨，他终于明白了自己的决定是错误的。回到美国之后，他决定要放弃现在的职业，从牧师这个毫无意义的职业中解脱出来。

当然，他的决定遭到了家人和朋友的反对。但是，此时的罗杰斯对宗教事业已经从心里开始厌恶。于是，他顶着压力，做出了明智的选择。后来，机缘巧合，他和心理学结缘，成为了一名闻名世界的心理学家。

启示

很多时候，我们是因为没有去了解生活以外的世界，所以盲目地认为自己所坚持的就是正确的。当选择多元化的时候，或许你并不走这条看似属于自己的路。故事中的罗杰斯就是一个很好的例子。

“多元智能理论”之父——加德纳

霍华德·加德纳（1943—），世界著名发展和认知心理学家，“多元智能理论”创始人。被誉为“多元智能理论”之父。现任美国哈佛大学教育研究生院认知和教育学教授，心理学教授、波士顿大学医学院精神病学教授和哈佛大学《零点项目》研究所两位所长之一。《纽约时报》称他为美国当今最有影响力的发展心理学家和教育学家。因1983年创建多元智能理论，被誉为“推动美国教育改革的首席科学家”而名扬世界，足迹遍及五大洲，获得了众多的荣誉。

知识链接

——创造适合每一名儿童的教育。

——每个孩子都是一个潜在的天才儿童，只是经常表现为不同的形式。

——对于一个孩子发展最重、要最有效的教育方法是帮助他获得可以尽情施展其才能的机会。

轶事

作为推动美国教育改革的首席科学家，霍华德·加德纳接受了《世界经理人》杂志记者刘澜的采访。具体谈话如下：

刘澜：“在《领导心智》中，您说故事有宽泛的三种：关于自我的故事，关于群体的故事，关于价值观和意义的故事。”

加德纳：“我不记得了，但是我相信你。”

刘澜：“真的吗？密西根大学教授诺尔·蒂奇在您的理论的基础上，说有三种领导力故事：‘我是谁’的故事，‘我们是谁’的故事和‘我们向何处去’的故事，您会同意他的说法吗？”

加德纳：“如果你问：这是三种伟大的、重要的故事吗？我的答案是：是。如果你问：这是仅有的故事吗？那我得想一想。”

刘澜：“我初次听到关于自我的故事的时候，我以为是关于领导者的自我：他应该让追随者了解他，了解他的价值观等。但是读了您的书之后，我发现您是说领导者讲述的关于自我的故事，是帮助追随者建立他们的身份认同，或者发现他们的自我。”

加德纳：“绝对如此。至少在我熟悉的情境中，听众必须能够把自己和故事认同。如果故事越奇特，他们就越不能够跟故事建立联系。尤其是在公共背景下，故事需要在某个层次上跟人们建立联系，可以是在情感的层面上。”

刘澜："我们谈谈领导力和多元智力的关系吧。在您的著作中，您强调了语言智力和人际智力对领导力的重要性。许多领导力思想家认为'知道我是谁'对成为领导者非常重要。'知道我是谁'的能力跟您说的自我认知智力是否是一回事？对于成为领导者有多重要？"

加德纳："自我认知智力和我所说的存在智力肯定是非常重要的。有人自我满意。如果'知道我是谁'是指知道自己在某种情形下该如何反应，如何做到卓有成效，那么自我认知智力非常重要。另外，我认为许多领导人没有太多兴趣进行内省，不想知道他们是谁，他们在干什么。这是因为，领导者本质上是行动者。他们花很少的时间思考，因为他们通过行动思考……"

启示

对于一个人来说，最重要的是认清楚自己。这在我们的生活中似乎是被忽略掉的事情。因为认识不清自己，所以迷茫。可见，在忙碌之际要抽一些时间面对自己。

在赛场上，他们表现卓越，一次次挑战身体极限，打破了世界纪录，他们所克服的不仅仅是自身的心理和生理障碍，还要承受巨大的失败所带来的伤害和痛苦。这些压力更多的来自环境和舆论。那么，他们是如何做到的呢？如果换成了你我，是否有勇气来面对呢？能否走出阴影，走向人生的成功呢？答案永远是未知的。他们之所以能够刷新纪录，依靠的不仅仅是刻苦的训练。那么，就让我们走近他们，了解他们的故事吧。

美国神奇小子——卡尔·刘易斯

卡尔·刘易斯（1961—），美国田径运动员，田径超级巨星，现代田径史上难得的奇才，非凡的短跑家和跳远名将。在4届奥运会中获得过9枚金牌，被人们惊誉为“神奇小子”。2000年被国际田联评选为20世纪最伟大的田径运动员。刘易斯出生于一个田径世家，由于受家庭环境的影响，他在很小时就开始进行田径训练。1973年，年仅12岁的他获得了纪念杰西·欧文斯田径比赛年龄组的跳远冠军。1979年他进入休斯顿大学，在著名教练汤姆·泰勒斯的指导下运动成绩也由此突飞猛进。1984年美国洛杉矶夏季奥运会一人独得四枚田径金牌，再现了欧文斯当年的奇迹，被誉为“欧文斯第二”，由此在体坛上刮起了一股“刘易斯”旋风。

知识链接

——我一直都喜爱时尚和服装。我是一个天生的斗士，我又开始了一场新的竞赛。

——在我创造时尚的生涯中，我将继续进行这一战斗。生活就是跑步，不要投机取巧！

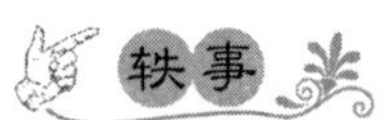

轶事

由于受家庭环境的影响，刘易斯从小对田径运动产生了浓厚的兴趣，经常和爸爸妈妈一起参加训练。事实上，当时的刘易斯又瘦又小，似乎一阵风就能把他吹倒，就连他的妹妹罗尔看起来都比他结实和强壮。单从外形上来看，兄妹四人中的任何人都更有希望比他成为世界冠军。

从6岁起，父亲就开始给刘易斯传授田径知识，一有时间，就陪着刘易斯训练，给刘易斯讲很多田径的故事。小刘易斯就在那时知道了杰西·欧文斯，并把他当成自己的偶像一样崇拜，并且暗暗下决心，要做的和欧文斯一样好。母亲则经常给瘦弱的刘易斯加油，鼓励他，告诫他永远都不能轻言放弃。

欧美人以肉食为主，为控制体重，刘易斯早期经常省去早餐，午餐也吃

得很少，只会在晚上饱餐一顿，但随后他发现，这种做法相当愚蠢。刘易斯发现，自己不需要动物蛋白质就可以成为一名成功的运动员。事实上，他成绩最好的一年，是他受母亲影响严格吃素食的第一年。

父亲给刘易斯的帮助巨大，对父亲的感激之情是无法用语言表达出来的，唯一的方式就是用自己的成绩，而事实上他就是把父母对自己的期望变成了现实，以这种方式来报答。

在1984年第23届奥运会上，刘易斯夺得4枚金牌，他把其中的3枚送给了自己的父母，并向父亲许愿："我会在下一届奥运会拿出更好的成绩。"

1987年，父亲逝世了，刘易斯得知这个消息后悲痛欲绝。为纪念父亲，他拿出自己在1984年奥运会夺得的一枚金牌当做父亲的陪葬物。在以后的日子里，刘易斯常对父亲没有看到自己在日后奥运会的表现而感到遗憾。

启示

对于父母的养育之恩、培育之情，一定不能忘记，要记得及时报答。尽管他们并不需要一句感恩，但是他们期望你成功。刘易斯的成功，凝聚了父母巨大的心血。他也以自己的努力，以自己的成功给予了回报。

跑道上的闪电——尤塞恩·圣李奥·博尔特

尤塞恩·圣李奥·博尔特（1986—），牙买加短跑运动员，男子100米、男子200米以及男子4×100米接力赛的世界纪录保持人，同时也拥有以上三项赛事的奥运金牌。2008年夏季奥林匹克运动会，博尔特成为首位在单届奥运会三项短跑赛事中皆打破世界纪录的选手，同时也是自1984年以来，首位在单届奥运会勇夺三项短跑赛事冠军的选手。2009年，是奥运会116年历史上首位同时卫冕100米和200米冠军的"第一飞人"。2011年，博尔特成为史上首位同时拥有100米及200米及4×100米接力世界纪录与奥运冠军头衔的选手。他是自采用数位计时以来，以最大秒数差打破100米世界纪录的选手。他惊人的短跑成就为他赢得了"闪电博尔特"的外号。

知识链接

——我不会问一个女人我该穿什么，即便这个女人是我母亲或是我女友。

——我永远会保持一颗平常心，如果我忘本，那么我的父母也许会杀了

我；如果我做父亲，肯定是一个严父，因为我从小就是被一个严父带大的。

——当你把目标锁定在一个人身上时，你就已经开始落后了。

轶事

博尔特十几岁的时候，父亲的生意越做越差，不但赚不到钱，相反还欠下一屁股债。母亲是名裁缝，她日常做活，希望多赚些钱补贴家用。但是遗憾的是，父母辛苦所赚的钱根本不够博尔特和弟弟妹妹的日常开销。

这时候，博尔特的身高已经窜到180cm，父亲把他送到当地的体校，让他练习短跑，希望他能通过跑步来改变命运。当时，在牙买加，想要出人头地的唯一途径就是练短跑。也许正是因为这个原因，牙买加是个盛产短跑冠军的地方，在博尔特出名之前，牙买加已经有多名世界短跑冠军。

刚到体校的时候，博尔特在训练时并不刻苦，常常偷懒，别人跑十圈，他只跑三四圈。只要教练不注意，他就会躲在一边和其他人打闹，是体校出了名的“害群之马”。教练拿他也没办法，觉得他实在不是练短跑的料，多次在博尔特的父母面前要求将博尔特带离体校。为了博尔特，母亲多接裁缝活，一天要做好几件衣服，赚来的钱大部分给博尔特买牛肉等营养品。

在博尔特12岁生日那天，母亲特意给博尔特送了一双球鞋。这在当时是非常奢侈的。为此，母亲白天去帮别人扛麻袋，晚上还得坐在灯下做裁缝活。累死累活干了几个月，终于凑够了钱。

漂亮的跑鞋上绣着一颗红心，那是母亲一针一线地为博尔特缝制的。母亲告诉博尔特：“孩子，这双跑鞋在世界上是独一无二的，因为它里面包含了我对你的爱。”博尔特听了热泪盈眶，他暗暗发誓：一定要有所成就，不辜负母亲的爱。

因为这几个月干了过多的重活，母亲落下了腰伤，每到刮风下雨就疼得厉害。博尔特幡然悔悟，知道母亲做的一切都是为了自己。他重新回到跑道上，刻苦训练，他要用行动回报伟大的母爱。

几年后，博尔特的身高长到了196cm。专家们都觉得，博尔特的身体条件并不适合练短跑，因为其四肢过长，这样跑的时候四肢摆动频率低，身体协调性差，不容易出成绩。教练都劝其改练排球或篮球，但博尔特却没有动摇自己的决心，在跑道上更加挥汗如雨地训练。

天道酬勤，2002年，博尔特在世界青年田径锦标赛200米决赛中，跑出了20秒40的佳绩。

启示

博尔特也需要成长，需要付出代价。这个成长的代价他的母亲替他付出了。最终也确实促使了博尔特的醒悟。在我们成长的过程中，也是需要付出代价的。认清这一点了，就不会因为前进路上遭受挫折而灰心。

澳大利亚鱼雷——伊恩·詹姆斯·索普

伊恩·詹姆斯·索普（1982—），澳大利亚游泳运动员，奥运冠军。14岁就加入澳大利亚国家游泳队，15岁的时候，在1998年世界游泳锦标赛上成为最年轻的男子400米自由泳世界冠军。因其姓与鱼雷在词形上有相似之处，并且索普的速度堪称泳池内的鱼雷，在澳大利亚享有“飞鱼索普”以及“鱼雷”之称，是世界男子泳坛最著名的选手之一。索普曾经在48小时内3次刷新世界纪录，总共获得了5枚奥运金牌、3枚银牌与1枚铜牌，是迄今为止获得金牌数最多的澳洲人。

知识链接

——我必须要选好一个时刻，现在正是时候了。现在我所有的目标都不再包括“打破某项世界纪录”了，虽然我很清楚地知道怎样做到，但是现在那对我来说已经没有什么吸引力了。

——假如我继续游泳，那已经不是为了追求自己的梦想，而是去满足其他人的愿望。我希望做回自己，不想太累，希望尝试一段告别游泳之后的全新生活。

在2001年世界锦标赛中，索普一人赢得6枚金牌，成为历史上第一位同届世锦赛独揽6枚金牌的选手。事实上，在索普的一生中共赢得11枚世锦赛金牌，位居史上第2位，仅次于美国选手菲尔普斯。

索普是体育史上首位被《游泳世界杂志》连续四度选为世界年度游泳运动员的选手，也是1999年至2003年的澳洲年度游泳运动员。因为他在体育上的所取得的成就，使他成为澳大利亚最著名的运动员之一，并获选为2000年的“年度澳大利亚英雄少年。”

在索普14岁的时候，他代表澳大利亚参加竞赛，事实上，他是澳大利亚历史上最年轻的男子运动员。在1998年伯斯世锦赛中，索普发挥出色，赢得400米自由泳金牌，成为史上最年轻的男子世界冠军。

从那以后，索普在400米自由泳称霸了奥运会、世界锦标赛和泛太平洋锦标赛。他总共打破13项长池的世界纪录，并且是奥运史上唯一一位在一届奥运中同时获得100米自由泳、200米自由泳与400米自由泳奖牌的运动员。

2006年11月21日宣布退役，索普觉得力不从心，没有动力去参加比赛，在退休四年之后，索普在2011年2月2日于记者会上宣布重返泳坛，准备参加2012年伦敦奥运。

启示

在鲜花和掌声后面，往往需要付出艰辛的努力，索普也是一样的，他的成功的光鲜后面一样有不为人知的故事。俗话说："台上一分钟，台下十年功。"索普的如此多、如此辉煌的成绩，也是需要背后的无数努力和付出才能够取得的。如果你也想成功，你就该知道现在要去做些什么了吧？

令人难忘的飞鱼——迈克尔·弗雷德·菲尔普斯

迈克尔·弗雷德·菲尔普斯（1985—），美国游泳运动员，世界冠军，18个奥运冠军得主，罕见的游泳奇才。绰号巴尔的摩子弹、水怪、飞鱼、水神，男子个人混合泳、蝶泳三项世界纪录的保持者。在2004年的雅典奥运上一人拿下游泳项目上的六枚金牌，成为雅典奥运会上得到金牌数最多的运动员。2008年北京奥运会，他以八枚金牌的成绩打破了马克·施皮茨在1972年慕尼黑奥运所创出的七金纪录，成为在同一届奥林匹克运动会中获得最多金牌的运动员。2012年伦敦奥运会后，又成为奥运会历史上获得金牌数（18枚）及总奖牌数（18金2银2铜，共22枚）最多的运动员。成为现代奥运会历史上，获得金牌数量以及奖牌数量最多的运动员。为此，国际泳联为菲尔普斯颁发了特别奖"最伟大的奥林匹克运动员"。2003年菲尔普斯荣获有"美国体育界奥斯卡"之称的沙利文奖。

知识链接

——事实证明，不管你的梦想是什么、有多大，你都可以实现。任何事情都有可能。

——有时候我都以为这是梦境，甚至要掐一下自己才能确定这是现实生活。

——如果教练和我是为了钱的话，我们早就不游泳了。我的大目标是改变游泳这项运动，让更多的美国孩子参与其中。

——我可不是为了钱，我只是在做自己喜欢的事情。当我还是个孩子的时候我就梦想成为奥运冠军。

菲尔普斯自小就在游泳池边长大，两个姐姐希拉里、惠特尼都是优秀的游泳运动员。面对今日被鲜花和闪光灯团团围绕的菲尔普斯，也许只有他的家人知道他成长过程中的艰辛。在学校，菲尔普斯因为大耳朵以及口吃被同学嘲笑。除了独特的生理结构被人嘲弄外，另一个更大的打击也来了："在幼儿园开始，他的老师就经常对我说，菲尔普斯不能安静地坐着，菲尔普斯不能安静，菲尔普斯根本不能集中精力。"

上小学时，菲尔普斯的多动症影响到了他的学习。两年后，菲尔普斯在游泳池中展露了自己的才华。美国名教头鲍勃第一眼看见他游泳时就称赞其有着"无人能及的水感"，在菲尔普斯11岁那年，鲍勃正式成为了他的教练。

"当时，鲍勃告诉我，他要让菲尔普斯在2004年出现在奥运会上；2008年打破世界纪录；2012年……"虽然菲尔普斯很快就表现出惊人的游泳天赋，但在当时母亲黛比并没期望他能有今天的成就，只希望游泳能治好儿子的"多动症"。

有一天，离开泳池后，菲尔普斯告诉他母亲："妈妈，我再也不想吃药了，我的伙伴们都没有吃，我能自己解决。"

直到现在，黛比还记得菲尔普斯的一位小学老师曾给出过这样的评价："你儿子干什么事都专心不了！"现在看来，至少在游泳池里，菲尔普斯会专心致志地做一件事，那就是拿金牌。

启示

对于作为泳坛第一人的菲尔普斯来说，他的成功却是为了治好多动症，听起来多少有些儿戏，可是却是事实。他以顽强的毅力克服了性格的缺陷，成功地找到了突破自我的方法。由此可见，即使再一事无成的人，在这个世界上也有属于自己的位置。

撑杆跳沙皇——谢尔盖·纳札罗维奇·布勒卡

谢尔盖·纳札罗维奇·布勃卡（1963—），绰号“鸟人”，乌克兰撑竿跳男运动员，在1991年之前代表苏联参加比赛。谢尔盖·布勃卡广泛地被认为是历史上最优秀的撑杆跳运动员及近代最出色的运动员之一。布勃卡职业生涯中6次夺得世锦赛冠军，35次创造世界纪录，在世界撑杆跳领域称霸15年，其保持的室外6米14和室内6米15的世界纪录至今无人打破，被称为撑杆跳项目上的“沙皇”。

知识链接

——我会尽可能多地观看比赛，这是我的职责。

——我觉得对于每一个运动员来说，能够有机会参与到奥运会之中才是最重要的。

——年轻运动员们很有天赋，他们肯定会有一天超越我的高度。我相信这个纪录持续的时间不会太久了。

——有时候我想自己没有获得更多金牌的原因或许是因为在这种氛围内，情感升华得太高所以犯了一些错误，但不管怎样参加奥运会是我终生难忘的经历。

轶事

在2000年悉尼奥运会上，布勃卡踌躇满志，对他来说，这是再一次证明自己的机会。因为在10年前的巴塞罗那奥运会上，他因为发挥失常，并没有进入决赛。而在1996年的奥运会上，他因为身体条件出现了偏差，在拼命突破自我的时候，因旧伤复发而不得不退出。可想而知，在悉尼，他对自己的期望有多么大。坐在运动员席上，他思绪万千。

“下面出场的是乌克兰选手布勃卡。”播报声打断了布勃卡的思绪，他站起身走了过去。在做了一番准备之后，他望了一眼远处的高度杠，拿起撑杆拼命地向前跑去。就在靠近高度杠的时候，他一下子把手里的撑杆戳在地上，腾空而起，就在他掉在软垫上的一刹那，只听见“桄榔”一声，高度杠随着他的落体而掉了下来。很显然，他失败了。

对于布勃卡来说，这完全出乎他的意料，5米70这个高度对他来说，根本不可能失败的。在他的内心之中，一种不祥的预感油然而生。难道自己会重蹈八年前的覆辙？“不会的，绝对不会的。”他这样对自己说。

他走过去，重新拿起撑杆，跑到了起步的地方。“这一次，我一定要突破！”怀揣着这样的信念，他再一次鼓足了力气，拼命地向前冲去，再一次腾空而起。可是不幸的是，就在他落到软垫上的瞬间，那个倒霉的“桄榔”声再次响起。他的内心不由地一惊，这一次又失败了。

只剩下最后一次机会，如果这一次自己不能突破，那么意味着将没有资格进入决赛，自己的奥运之旅也将结束，对于他来说，这是无论如何也不能接受的事实。他咬紧牙关，走过去再次拿起了撑杆。

当他进行第三次冲刺时，他深深地吸了一口气，望着远处的高度杠，紧紧地攥了攥拳头，憋了一口气，冲了上去。对于他来说，这就是拼命。当他从高处落下来的时候，那个像丧钟一样的“哐啷”再次响起。他不得不接受这个现实：他失败了。

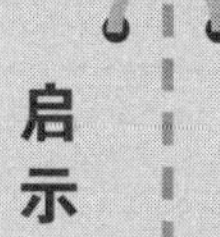

启示

对于布勃卡来说，无法超越自己是他的“瓶颈”。曾经的辉煌似乎一去不复返，这对于一个开创历史的英雄来说是多么残忍的事情。但是，我们需要的是这种心态，无论什么时候都坚信自己是最棒的。

撑杆跳女王——叶莲娜·伊辛巴耶娃

叶莲娜·伊辛巴耶娃（1982—），奥运冠军，俄罗斯撑杆跳高运动员，女子撑杆跳世界纪录保持者。2004年、2005年还两度获得国际田径联合会年度最佳女运动员称号，并且获得劳伦斯最佳运动员奖。她是目前世界上最优秀的女子撑杆跳选手，自2003年破世界纪录以来，一直保持着对女子撑杆跳的绝对垄断性统治，被称为“穿裙子的布勃卡”。她曾二十多次打破世界纪录，拥有5项重要赛事的冠军头衔。

知识链接

——我还是艺术体操运动员时，总是能听到大家在谈论中国的李宁，对于这样一位伟大的体操运动员，我们自然都成为其崇拜者。

——退役之后，我以前是想做电影明星，但是现在改变了，希望可以像布勃卡一样去国际奥委会，因为体育带给了我所有的成功和快乐。我要把一生都奉献给体育，去帮助所有需要帮助的运动员，推动体育的发展。

这天放学后，伊辛巴耶娃闷闷不乐地回到了家里。回家后她没有按照往常一样准备做饭，而是把自己关在屋子里。

妈妈下班回家后，发现屋里没有开灯，觉得非常奇怪，当她推开伊辛巴耶娃的卧室门时，被坐在地上发呆的女儿吓了一跳。她急忙走过去关切地问道："伊辛巴耶娃，你怎么了？怎么坐在地上啊，是不是生病了？"说着，急忙把伊辛巴耶娃从地上拉了起来。

伊辛巴耶娃面无表情地任凭母亲把她扶到了床上。母亲拉着她的手说："伊辛巴耶娃，告诉妈妈，到底发生什么事情了？有妈妈在，没什么事情过不去的。"

伊辛巴耶娃看了妈妈一眼，摇了摇头并没有说话。在妈妈的印象中，伊辛巴耶娃从来没有这样过，她非常焦急，但是不知道该怎么办。她把伊辛巴耶娃揽在怀里，轻轻地拍她的肩膀安慰她。

拍着拍着，妈妈哭了起来，她一边哭一边说："孩子，你到底怎么了，告诉妈妈啊？你可别吓唬妈妈，妈妈胆小啊。"

这时候，伊辛巴耶娃突然"哇"的一声哭了起来，她一边哭一边说："妈妈，今天有个同学嘲笑我，他说我是穷光蛋的孩子，只能穿破衣服。他们把我的衣服扯了一个很大的洞，让我在别的同学面前颜面尽失。"

说着，伊辛巴耶娃把自己仅有的一件破衣服拿了起来。

听到伊辛巴耶娃的话后，妈妈鼻子一酸，她哽咽着说："孩子，都怪爸爸妈妈没本事，挣不到钱给你买新衣服。这样吧，明天我就带你去买衣服。"

"不，妈妈，你和爸爸已经很辛苦了，要是给我买了衣服，家里就没钱买米买面了，我觉得这件衣服还能穿，你帮我补一下。"

望着懂事的女儿，妈妈流着泪穿针引线缝起了衣服。

启示

即便是名人，也有常人一样的脆弱。受到伤害时一样地伤心和难过。但是我们需要学习的是他们在伤害之后的心态。伊辛巴耶娃就值得我们效仿。

高尔夫球场的老虎——艾德瑞克·泰格·伍兹

艾德瑞克·泰格·伍兹（1975—），美国高尔夫球手，被公认为史上最成功的高尔夫球手之一。因为在英文中他的绰号“Tiger”的意思是“虎”，所以在中文中经常被称为老虎。老虎伍兹孩童时就表现出了非凡的高尔夫天赋，他3岁时就击出了9洞48杆的成绩，然后5岁时又上了《高尔夫文摘》杂志。他的声名和财富像滚雪球一般膨胀，《福布斯》本月公布的排行榜，他以83700288美元的年收入位居体育明星首席，世界体育名人影响力则排在第二。

知识链接

41岁的维杰辛格取代“老虎”伍兹成为世界排名第一的高尔夫球选手后说：“无论谁都替代不了伍兹，是他使高尔夫球第一次成为全球化的运动。”

轶事

泰格·伍兹的童年过得并不幸福，尽管爸爸妈妈在拼命赚钱，可是依旧无法满足家庭的开销，常常是吃了上顿没下顿。为了减轻家里的负担，小小年纪的伍兹背着爸爸妈妈来到了家附近的一家高尔夫球场当起了球童。尽管当时，黑人是不允许进入高尔夫球场的，但是在球童严重缺失的情况下，他们不得不雇佣了伍兹。所谓的球童就是去帮那些玩球的有钱人做捡球、拎包那样的小事情，就这样，伍兹挣点小费以填补自己学校的费用或者生活费。

从小耳濡目染了高尔夫球的运动，伍兹暗暗下决心终有一日自己也要和那些白人一样在球场上挥洒自如。随着年龄的增长，伍兹的高尔夫球技已经很高了。这天，他来到一家高尔夫球场，找到了负责人，说：“我有很高的高尔夫球技，希望能允许我在球场打球。”

负责人笑着说：“瞧瞧你的肤色，小子，你是黑人，是绝对不可能有资格打球的，趁早打消你这种不切合实际的想法吧。”

伍兹生气地说：“黑人怎么了？比你们少个鼻子还是眼睛？你凭什么看不起人啊！”

“我哪里敢看不起你啊。你还算人吗？我怎么不觉得呢？你是黑人，是天生的奴隶，下等人，你来打高尔夫，简直玷污了这么高雅的运动。小子，不是我不接纳你，要怪就怪你的父母把你生成了黑人！”

伍兹愤怒地叫骂了一阵，垂头丧气地离开了。

但是，他并没有放弃，继续去找高尔夫球场谈判。可是，结果都和上一次

差不多，不但没有获得打球的资格，反而被别人嘲笑和羞辱一番。这让自尊心极强的伍兹非常恼怒。他暗暗发誓一定要练好高尔夫球，有朝一日让大家看一看黑人照样可以把高尔夫球打好。

他坚信高尔夫球是各种肤色的人都能参与的活动，并非白人所独有。摒弃所有的愤恨和侮辱，泰格咬紧牙关终于练就一身好功夫，这成了他今后在各个领域里淘金的通行证书。

启示

对于无法改变的出身，完全没有必要去埋怨，而是要全力以赴地努力。这样才能向不公平的世俗挑战。故事中的伍兹不愿意接受命运的安排，最终用自己的行动做出了最好的反抗。

第15章

影响世界的创业家

在世人眼里，他们是世界上为数不多的富豪，手中掌握着世界上数额巨大的财富，他们是成功人士。但是，在他们眼里，自己只是做了应该做的事情，钱赚得轻松自如。除了继承的财富之外，他们中的很多人都是赚钱的高手。那么，他们到底是如何赚钱的呢？钱对他们到底意味着什么？如果你想要了解他们的生活经历，那么不妨跟着我们一起来看看吧。

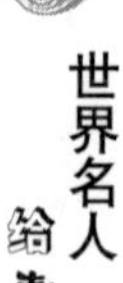

钢铁大王——安德鲁·卡内基

安德鲁·卡内基（1835—1919），美国钢铁大王，时代传奇人物，他实现了美国人的梦想，成为徒手致富的移民。卡内基13岁时离开苏格兰，全家大小挤在一间小房间里过活，后来卡内基投入钢铁业，引进崭新的商业手法、崭新的生产程序，在美国工业史上，写下永难磨灭的一页，他征服钢铁世界，成为美国最大钢铁制造商，衣锦还乡，跃居世界首富。而在功成名就后，他又将几乎全部的财富捐献给社会。他生前捐赠款额之巨大，足以与死后设立诺贝尔奖金的瑞典科学家、实业家诺贝尔相媲美，由此成为美国人心目中的英雄和个人奋斗的楷模。财富对于他而言，不是第一位的，享受人生，为社会作出贡献才是他生命的真谛。

知识链接

——对金钱执迷的人，是品格卑贱的人。如果我一直追求能赚钱的事业，有一天自己也一定会堕落下去。假使将来我能够获得某种程度的财富，就要把它用在社会福利上。

——人生必须有目标，而赚钱是最坏的目标。没有一种偶像崇拜比崇拜财富更坏的了。一个年轻人所能继承到的最丰厚的遗产，莫过于出生于贫贱之家。

——一切的财富，一切的成就，最初都只是一个念头而已。

——和比自己强的人合作，而不是战胜他们。

——一个有钱人如果到死还是很有钱，那就是一件可耻的事情。

轶事

1849年冬天，一天晚上，卡内基上完课回家，母亲告诉他姨夫传话来，匹兹堡市的大卫电报公司需要一个送电报的信差。他立刻意识到，机会来了。

第二天一早，卡内基穿上崭新的衣服和皮鞋，与父亲一起来到电报公司门前。他突然停下脚步，对父亲说："爸爸，我想一个人单独进去面试，你就在

外面等我吧。"

父亲不安地说："为什么呢？你岁数还小，一个人进去行吗？"

卡内基自信地说："放心吧，我已经是个大小伙子了，没有问题的。"说完，独自上了楼。

原来，卡耐基担心自己与父亲并排面谈时，会显得自己个子矮小，同时，他也怕父亲讲话不得体，会冲撞了大卫先生，从而失去这个难得的机会。

大卫先生打量了一番这个矮个头、高鼻梁的苏格兰少年，问道："对于匹兹堡市区的街道，你熟悉吗？"

卡内基语气坚定地回答："不熟，但我保证在一个星期内熟悉匹兹堡的全部街道。"

大卫先生没有说话，很显然他对卡耐基不熟悉街道存有顾虑。

卡耐基又补充道："我个子虽小，但比别人跑得快，这一点请您放心。"

大卫先生满意地笑了："周薪2.5美元，从现在起就开始上班吧！"

就这样，卡内基谋得这个差事，迈出了人生的第一步。这时，他年仅14岁。

在短短一星期内，身着绿色制服的卡内基实现了面试时许下的诺言，熟悉了匹兹堡的大街小巷。两星期之后，他连郊区路径也了如指掌。他个头小，但腿很勤，很快在公司上下获得一致好评。一年后，他被大卫先生提拔为管理信差的负责人。

每天卡内基都提早一小时到达公司，打扫完房间后，他就悄悄跑到电报房学习打电报。他非常珍惜这个秘密学习机会，日复一日地坚持着，很快就熟练掌握了收发电报的技术。后来他被提升，成了电报公司里首屈一指的优秀电报员。

启示

每个人都有优缺点，在关键时候，要懂得放大优点，缩小缺点，才能将个人的最好一面展现出来。故事中的卡内基在面试当中，不断强调自己腿脚好，肯努力的优点，缩小个子矮，不熟悉街道的缺点，最终为自己赢得了一个机会。

汽车大王——亨利·福特

亨利·福特（1863—1947），美国汽车工程师与企业家，汽车大王，世界

最大的汽车企业之一福特汽车公司的建立者。他也是世界上第一位使用流水线大批量生产汽车的人。他的生产方式使汽车成为一种大众产品，它不但改革了工业生产方式，而且对现代社会和文化起了巨大的影响。因此有一些社会理论学家将这一段经济和社会历史称为“福特主义”。福特先生为此被尊为“为世界装上轮子”的人。美国学者麦克·哈特所著的《影响人类历史进程的100名人排行榜》一书中，亨利·福特是唯一上榜的企业家。《财富》杂志将福特评为“20世纪最伟大的企业家”，以表彰他和福特汽车公司对人类发展所作出的贡献。2005年《福布斯》杂志公布了有史以来最有影响力的20位企业家，亨利·福特名列榜首。

知识链接

——无论你认为自己行，还是不行，你都绝对是正确的。

——我亲眼见到的事实，是有人在浪费时间的时候，大多数人已跑到前面去了。

——我会节省我的体力，我能躺着的时候啊，我绝不坐着。我能坐着的时候啊，我绝不站着。

——任何人只要做一点有用的事，总会有一点报酬，这种报酬是经验，这是世界上最有价值的东西，也是人家抢不去的东西。

——成功的秘诀，在于把自己的脚放入他人的鞋子里，进而用他人的角度来考虑事物，服务就是这样的精神，站在客人的立场去看整个世界。

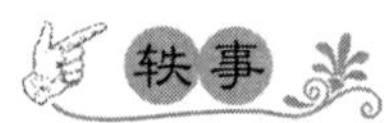

19世纪末20世纪初的时候，汽车是奢侈品，多半都是有钱人买来当玩具的。当时，汽车限速为 5 英里，也就是每小时 8 公里左右。按照当时的规定，如果要开汽车的话，在白天要有人打红旗在汽车的前面吆喝，如果在夜里就需要有人专门挥灯开路。

但是，亨利·福特觉得汽车的功能不仅仅如此，更应该成为一种交通工具。在没有成立公司之前，福特就已经做了试验性质的车，但是他要造出的是技术好、价钱合理、组装制造容易、方便使用的车。后来，通过不断地实验，他才觉得汽车制造技术已经比较成熟了，价钱也可以控制了。

但是以前的汽车制造是一个工人生产一辆车，从它的原材料开始一直到这辆车组装完成。福特先生苦苦思考，始终没有想出一种能够提高生产速度的方法。

有一天，他走在路上，路过一个屠宰场，看到屠宰厂的工人先将牛送进

来以后先用电击法将牛电晕，然后放血，再将牛吊起来，并用锯开膛剖腹，最后分割，这个过程是分别由不同的人来完成的。他深受启发，心想如果这种既具有连贯性又有工作效率的流水作业的方式运用到汽车制造上，那么产品的因素、技术的因素、制造过程控制的因素都能得到最好的体现。

想到这里，福特先生高兴地回到了家里。很快，汽车开始迅速生产起来。

随后，福特让公司的公关经理把所有媒体的记者都请来，他对媒体朋友说："从今天开始，福特车所有的生产线上的员工每一个人的工资涨到5美元。"

有媒体人问道："福特先生，你把工人的工资大幅度提高，这究竟是为什么呢？这样一来，你还有利润可赚吗？"

福特笑着说："如果我造出来的车连我自己的员工都买不起，那么我生产车有什么意义呢？我必须让他们首先买得起我的车，只有提高他们的工资才能给他们足够的购买力。事实上，也只有这样，才能启动公司良性发展。"

紧接着福特说："现在我生产的汽车每辆要卖200美元，如果一个员工一天挣1美元，那么他一辈子也买不起我的车，反过来如果每人挣5美元，他们立刻就能变成福特汽车的买主。"

启示

聪明的脑袋做事情表面上是为了别人，而实际上却是为了自己。这无关道德，而是一种策略，福特的故事很好地诠释了这一点。

服装天才——皮尔·卡丹

皮尔·卡丹（1922—），意大利知名的服装设计师，父母都是法国人。他很早就对服装设计产生兴趣，据说童年时喜欢替邻居的洋娃娃设计新衣服。23岁时，他在巴黎参加电影《美女与野兽》的服装设计，作品颇受好评。在1950年开设了服装设计公司，开始跨入时装领域，并开设了精品店名为EVE。1973年，皮尔·卡丹以自己的名字成立了法商皮尔·卡丹公司，此后公司事业日渐全球化，在男装，女装，服饰配件中都是国际知名的品牌。在这些时装领域外，皮尔·卡丹期开始设计许多不同的产品，比如闹钟、咖啡壶、家具、汽车、钢笔等。

知识链接

——在用人上一加一不等于二，搞不好等于零。有效搭配，方显威力。

轶事

皮尔从小就喜欢舞蹈，他的理想是当一名出色的舞蹈演员，可是当时他的家境非常贫寒，维持基本生活都非常艰难，父母根本拿不出钱来送皮尔上舞蹈学校。为了缓解家里的窘困状态，父母不得不将他送到一家缝纫店当学徒工，希望他能学一门手艺，以便能帮家里减轻点经济负担。

在缝纫店里，皮尔每天要工作十多个小时，这让他觉得非常辛苦，因此，他非常厌恶当裁缝。不仅仅如此，更重要的是，皮尔觉得自己是在虚度光阴，他为自己的理想无法实现而苦闷。于是，皮尔鼓足勇气给自己从小就崇拜的音乐大师，有“芭蕾音乐之父”美誉的布德里写了一封信，他希望布德里能收下他这个学生。在信的最后，他写道，如果布德里不肯收他这个学生，他便只好“为艺术献身”，跳河自尽了。

很快，皮尔收到了布德里的回信。他以为自己的执著打动了舞蹈大师，谁知布德里在信里并没有提及此事，而是讲了自己的人生经历。

在信里，布德里说自己小时候很想当科学家，但是因为家境贫穷父母无法送他上学，他只得跟一个街头艺人学习卖唱。最后，他说，人生在世，现实与理想总是有一定的距离，在理想与现实之间，人首先要选择生存。只有好好地活下来，才能让理想之星闪闪发光。一个连自己的生命都不珍惜的人，是不配谈艺术的。

布德里的回信深深刺激了皮尔，他猛然醒悟。从那以后，皮尔努力学习缝纫技术，后来，他在巴黎开始了自己的时装事业。很快，他便建立了自己的公司和服装品牌。他就是著名的时装设计师皮尔·卡丹。

如今，皮尔·卡丹不但成为了令人瞩目的亿万富翁，而且以他的名字命名的产品也已经遍布全球。

启示

每个年轻人都有自己的理想，也都为自己那伟大的理想激动过、苦闷过，但当理想与现实发生冲突时，只有勤勤恳恳地做好身边的每一件事，踏实地走好人生的每一步路，才能更快地接近理想。也许有一天，你也会像皮尔·卡丹一样，突然发现，其实理想一直伴随在你的身边，只是你没有看到而已。

商业奇才——比尔·盖茨

比尔·盖茨，全名威廉·亨利·盖茨（1955—），美国著名企业家、软件工程师、慈善家以及微软公司前董事长。曾任微软首席执行官和首席软件设计师，并持有公司超过8%的普通股，也是公司最大的个人股东。2008年6月27日离开微软公司，并把580亿美元个人财产尽数捐到贝尔与美琳达·盖茨基金会。《福布斯》杂志2013年全球富豪排名，比尔·盖茨以670亿美元资产重登榜首。

知识链接

——如果你确实做不好，那么至少让它看起来好。

——只是在时间分配方面，宗教并非非常有效，星期天早晨有很多事等着我们去做呢！

——在你出生之前，你的父母并非像现在这样乏味。他们变成今天这个样子是因为这些年来他们一直在为你付账单，给你洗衣服，听你大谈你是如何酷。

——生活中你没有暑假可以休息，也无人帮你发现自我；

——善待乏味的人，你可能会为一个乏味的人工作。

轶事

随着盖茨年龄的增大，父母觉得有必要让他多参加一些社会活动，以便更容易融入社会。因而，在父母的积极鼓励之下，盖茨参加了童子军的野营活动。

有一年暑假，童子军要用一个星期的时间徒步行军80公里，以此来锻炼他们的意志。尽管盖茨的父母担心他吃不了这个苦，但是最终还是同意了。当时，盖茨出发时穿了一双崭新的高筒靴，显然新鞋不大合脚。

第一天，他们总共走了13公里，又是爬山，又是穿越森林，到晚上休息的时候，盖茨的脚后跟磨破了皮，脚趾上起了许多水泡。可是，盖茨没有半句怨言，而是咬紧牙关坚持着。他对自己说：“我才走了第一天，绝对不能被困难吓倒！”

第二天晚上，等结束了行程之后，盖茨觉得脚疼痛难忍，他脱下鞋一看，脚红肿得非常严重，开裂的皮肤流了不少血，袜子都被染红了一大片。当时，同行的孩子们纷纷劝说盖茨放弃，可是盖茨并没有当一回事，而是向随队医生要点药棉和纱布包扎一下，又要了些止痛片服用。

就这样，他一瘸一拐地参加了第三天的行程。在途经一个中站检查的时候，领队发现盖茨走路非常艰难，于是让他脱掉鞋子，此时盖茨的脚已经发炎

得非常严重，领队严肃地命令盖茨停下来医治。这样，盖茨才不得不放弃了继续前进。

盖茨的母亲得知这个消息之后，特意从西雅图赶来，当他看到盖茨那双溃烂的脚的时候，难过地哭了，她埋怨道："盖茨，你为什么这么傻呢？为什么不早一点儿停下来医治呢？"

盖茨淡淡地说："可是，妈妈，我还没有达到目的地呢。"

无论做什么事情，盖茨都会全心全意花上大量的时间出色地完成。还有一次，老师布置作业，要同学们写一篇不超过20页的故事。盖茨浮想联翩，竟写出长达100页的神奇而又曲折无比的故事，使老师和同学都十分惊讶。

启示

无论做什么事情，都要有坚强的意志和不达目的誓不罢休的决心。故事中的盖茨正是这样的，也正是因为他的这种性格，促使他成为了名副其实的商业奇才。

奥玛哈的先知——巴菲特

沃伦·爱德华·巴菲特（1930—），美国投资家、企业家、及慈善家，被尊称为"奥马哈的先知"或"奥马哈的圣人"。他依靠股票、外汇市场的投资，汇聚了非常庞大的财富，成为世界上数一数二的富翁。现任伯克希尔·哈撒韦公司董事长兼首席执行长及华盛顿邮报公司董事。他倡导的价值投资理论风靡世界。2006年6月，巴菲特承诺将其资产捐献给慈善机构，其中85%将交由盖茨夫妇基金会来运用。巴菲特这一大手笔的慈善捐赠，创下了美国有史以来的纪录。2013福布斯全球亿万富豪榜排名第4位。

知识链接

——我是个现实主义者，我喜欢如今自己所从事的一切，并对此始终深信不疑。作为一个彻底的实用现实主义者，我只对现实感兴趣，从不抱任何幻想，尤其是对自己。

——吸引我从事工作的原因之一是，它可以让你过你自己想过的生活。你没有必要为成功而打扮。

——在生活中，我不是最受欢迎的，但也不是最令人讨厌的人。我哪一种人都不属于。

——当世界提供这种机会时，聪明人会敏锐地看到这种赌注。当他们有机会时，他们就投下大赌注。其余时间不下注。事情就这么简单。

轶事

这一年，巴菲特刚刚5岁。一天，妈妈下班后发现巴菲特在蹲在家门口专心致志，似乎在做一件很重要的事情。妈妈悄悄地走过去，只见地上放着几包口香糖，而巴菲特对路过的人说："先生，需要口香糖吗？很甜的，而且价钱也很便宜。"路过的人见一个只有5岁的孩子就懂得做生意，觉得非常好奇，有的人驻足观望，有的人觉得很可爱，掏出零钱买一包。

妈妈说："巴菲特，你在做什么呢？"

巴菲特转身一看是妈妈，很自豪地说："妈妈，我在卖口香糖呢？你看，生意还不错。"看着巴菲特手里多了好几美元，妈妈非常激动，抱起巴菲特甜甜地亲了一口。

在巴菲特8岁的时候，爸爸注意到孩子最近很神秘，于是问道："巴菲特，你最近在做什么呢？整天忙里忙外的。"

"不告诉你，等过几天，我一定会给你一个惊喜！"说着，巴菲特调皮地跑出了门外。他爸爸觉得一个只有8岁的孩子，也干不出什么坏事来，于是也没有详细追问。

几天之后，在爸爸过生日那天，巴菲特忽然拿出一份包装精美的盒子，递到爸爸的手里，说："爸爸，祝你生日快乐，这是我送给你的礼物。"

爸爸觉得非常惊讶，他打开礼物一看，是一条非常精致的皮带。爸爸诧异地望着巴菲特说："巴菲特，首先爸爸很感谢你能送给我礼物，我很喜欢。"

巴菲特自豪地说："我就知道爸爸一定会喜欢的。"

"但是，能不能告诉我你哪里来的钱给爸爸买礼物呢？"爸爸追问道。

"爸爸，是这样的，我平日里没事可做，于是我就和小伙伴们约好，一起去附近的球场捡富人们用过的高尔夫球，然后拿到市场上去卖。你不知道，生意可火爆了，很多人提前预订呢。为此，我赚了不少的钱。"巴菲特说。

听到巴菲特的话后，爸爸非常感慨，他说："巴菲特，你真了不起，这么小就懂得做生意，爸爸相信你将来一定会成为富翁的。"

巴菲特的成功再次告诉我们这样一个道理：不要太顾及周围人的想法，要坚持走自己认为对的路，至于别人怎么想那就不关你的事了。

欧莱雅女王——莉莉亚娜·贝当古

莉莉亚娜·贝当古（1926—），世界女富豪，全球最大化妆品企业——欧莱雅集团创始人之女，被称为欧洲最有钱的女人。据《福布斯》2009年全球富豪榜数据显示，贝当古夫人的财富总额约为200亿美元。她在全球十大女富豪榜中名列第三，在欧洲女富豪榜中位列榜首。当地时间2011年10月17日，莉莉亚娜·贝当古在与亲生女儿的争斗中输掉了官司，失去了对自己150亿欧元财富的控制权。

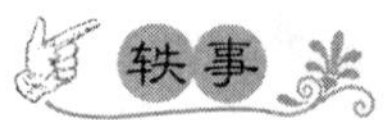

知识链接

——我需要隐退、安静、距离感。

轶事

尽管欧莱雅公司的老总许勒尔膝下只有一个女儿，但是他却从来没有放松对女儿莉莉亚娜的管教。不仅在日常生活中严格要求，而且还从小锻炼莉莉亚娜独立的性格，磨炼她坚强的意志。因此，莉莉亚纳从小非常独立有主见，而且性格坚强，不轻易服输。

这一年莉莉亚娜刚好15岁。这天，他叫来了女儿，对她说：“莉莉亚娜，你今年已经15岁了，爸爸想要你到公司帮我，你愿意吗？”

莉莉亚娜歪着头说：“爸爸，我当然愿意了。能够待在爸爸的身边我求之不得呢。”

“但是，莉莉亚娜，你得先从最基层的工作做起，这样才能熟悉整个工作流程。”许勒尔一本正经地说。

莉莉亚娜想了想说：“那么，爸爸，请你告诉我你准备让我做什么最基层的工作呢？”

“就从贴标签开始吧。”听到父亲竟然让自己去贴标签，莉莉亚娜撅起了嘴，她不满地说：“爸爸，我是你的女儿，你怎么能让我做贴标签的工作呢？传出去，多没面子啊。”

“孩子，别小看贴标签这种工作，你未必能贴好。你要知道，要想成为一个高层，基层的工作是必须要熟练的，否则，你怎么能发现手下的员工是否认真工作了呢？再说了，如果你连贴标签都不会，又怎么能做好别的工作呢？”许勒尔抚摸着女儿的肩膀说。

听完爸爸的一番话，莉莉亚娜终于明白了，这是父亲刻意培养她，将来要让她做自己的接班人。如果自己连最基本的工作都做不好，怎么去管理别人呢？想到这里，莉莉亚娜说："爸爸，我明白了，相信我，我一定能把贴标签的工作做好的。"

过了一段时间之后，许勒尔把女儿调整到技术岗位上，让她学习和掌握了公司的专业技术，直到最后，他才让莉莉亚娜进入了管理层。而此时的莉莉亚娜已经对公司的业务掌握得非常熟练，不管是决策还是细小的工作，她都非常精通。

几年之后，许勒尔把公司的业务全部交给了莉莉亚娜。莉莉亚娜正式继承了父亲的事业，拥有欧莱雅公司27.4%的股份和瑞士雀巢公司3%的股份，这两项股份的拥有使她成为欧洲最富有的女人。

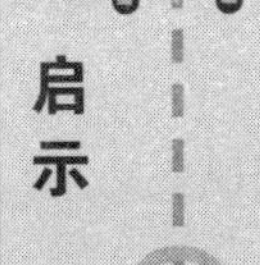

启示 天下大事必做于细，很多事情看似微小，可却是你成功的必做之事。少了这一步，可能通往成功的路就会不那么容易走通了。故事中的莉莉亚娜从去做贴标签这样的小事开始，不断累积经验，了解自己的产品和工作，才能成功地做好欧莱雅公司。

瑞典宜家创始人——英格瓦·坎普拉德

英格瓦·坎普拉德（1926—），瑞典实业家，家具连锁店宜家的创始人。瑞典《商业周刊》2005年4月曾经报道说，由于美元贬值，坎普拉德的个人财富已经超过比尔·盖茨，跃居全球首位。这条消息引起一时轰动。在2004年《福布斯》全球富豪排行榜上，坎普拉德的个人净资产为185亿美元，列第13位。

知识链接

——我们赚到的所有东西都需要有所存留。我们还要壮大宜家集团。

——80岁不算什么，我还有很多事情要做。我可没有时间用来等死。

——人们都说我小气，我不在乎大家这么说。我小气，但我很自豪。我在遵守我们公司的规定。

——我之所以努力的，不仅仅是宜家的长盛不衰，而且是要使它成为一个独立于任何一个国家的公司。

轶事

英格瓦的祖父是个农场主，因经营不善而开枪自杀。父亲尽管也在努力做

生意，可是似乎并没有什么天赋，辛苦一生，也没有赚到多少钱。可是，英格瓦却从小就有做生意的天分，而且可以说是专门为做生意而生。

5岁那年，有人对在门外玩耍的英格瓦说："嗨，英格瓦，你闲来没事，能否帮我兜售一批火柴呢？"

英格瓦望着来人说："可是我不会做生意啊？"

来人笑着说："你只需要告诉他们多少钱才能拿走一盒火柴就行了。"

于是，英格瓦按照对方所教授的方法尝试着去卖火柴，很快，这批火柴就卖完了。当时，英格瓦只领到了几块钱的辛苦费。但是，当对方要求英格瓦帮助兜售第二批火柴的时候，英格瓦竟然说："把你的火柴一次性卖给我吧，但是你要给我便宜很多。"

那人觉得这样很划算，于是答应了英格瓦的要求，当英格瓦卖完第二批火柴的时候，已经赚了不少的钱。

打那以后很长的一个阶段，英格瓦始终坚持在卖火柴，直到他能骑自行车了之后，他依然在卖，而且骑着自行车去更远的地方兜售。后来，他发现从斯德哥尔摩批量购买火柴可以拿到很便宜的价格，然后再以很低的价格进行零售，从中仍能赚到不小的利润。

后来，他的生意范围不断扩大，不但卖火柴，而且还卖过圣诞卡，甚至还骑着自行车到处兜售自己抓来的鱼。在他11岁的时候，他做成了一笔大买卖，卖掉了一批花种。他把赚来的钱买了赛车和打字机。

英格瓦简直是迷上了销售这个行当。他曾用父亲给的钱和银行汇票去进货，卖掉500支巴黎钢笔。他上高中时，床底下放了一个纸箱，里面塞满了他的"货物"：皮带、皮夹子、手表、钢笔……

英格瓦高中毕业的时候已经是17岁的大小伙子了。父亲对儿子十分了解，决定送给他一份特殊的毕业礼物，就是帮助他创建自己的公司。就这样，宜家（IKEA）诞生了。

启示

很多事情之所以失败，是因为我们不相信自己会成功。如果故事中的英格瓦以自己岁数太小而胆怯，来拒绝帮助他人卖火柴，或许就不会有宜家企业的诞生。

参考文献

[1] 公隋. 微历史：世界名人860个经典段子[M].北京：北京理工大学出版社，2012.
[2] 雅瑟，培培.世界名人传记速读大全集[M].北京：新世界出版社，2011.
[3] 柴少飞.中外名人全知道[M].北京：华文出版社，2010.